读西国志

系列丛书

董智敏　著

彩壁壁千秋

山西古代壁画掠影

CAIBI
QIANQIU

山西出版传媒集团

山西人民出版社

总　序

　　习近平总书记在云冈石窟考察调研时指出，要让旅游成为人们感悟中华文化、增强文化自信的过程。整个山西，就是一座可触摸、可亲近、可对话的"中华文明博物馆"。山西形似一片绿叶，在这里，抓一把泥土就能攥出文明，踩一个脚印就能看到历史，厚重文化是它的亮彩底色，青山碧水是它的盎然生机。

　　走进这片树叶，历史记忆呼之欲出。山西有西侯度、匼河、丁村等遗址，是远古人类发展的典型印记；山西有陶寺遗址，是地中之都、中土之国，这里最早叫中国；山西有最早的水井，依水而居、背井离乡，这里是华夏最早的故土……2800多年前，平遥始建，旧称"古陶"，终成中国古代城市在明清时期的杰出范例。近2000年来，五台山历经沧桑、兴废有继、珠联璧合地将自然地貌和文化形态融为一体，成为中国四大佛教名山之首、中国文化景观与思想内蕴相结合的典型代表。1500多年前，"丝绸之路"东端的古都平城开凿云冈石窟，是为中国石窟艺术的经典杰作、中外文化融合转化的历史丰碑。

走进这片树叶，文化传承跃然其上。山西有洪洞大槐树，寄托着无数华夏儿女的乡愁；山西有晋商故里，万里茶道的驼铃在欧亚大陆回响；山西有抗战根据地，是中国抗战敌后战场的战略支点；山西有红色基因，孕育了伟大的太行精神、吕梁精神，赓续传扬。

走进这片树叶，表里山河雄伟壮阔。奔腾不息的黄河是它的涓涓血脉，逶迤绵延的长城是它的铮铮铁骨，巍峨耸立的太行是它的不屈脊梁。在悠长的自然变迁中，三晋大地造就了壶口瀑布、乾坤湾、老牛湾、王莽岭、八泉峡等奇观胜景，孕育了"地肥水美五谷香"的绿色生态。《人说山西好风光》处处传唱。

山西，是一片蕴藏着故事与力量的土地，承载着千年华夏的荣光，守护着中华文明的源头，如同一部文明演进与社会变迁的活态教科书，生动地呈现着传统与现代的交融之美。山西之美，美在遍地镌刻的历史印记，一眼千年。山西之美，美在三晋儿女的奋然前行，一腔热忱。山西之美，美在表里山河的秀美壮阔，一游难忘。

五千年文明看山西！来山西就是在历史中遨游，在山河中行走，就是在读一本家国的大书，行一场人生的壮游！

山西省委、省政府全方位推动高质量发展，推进文旅融合，作出"两个转型，文旅先行"的重要部署。山西的文旅产业已步入高质量发展快车道，三晋大地正成为海内外游客宜游宜养的度假胜地和广大投资者的兴业热土。为忠实践行习近平总书记在山西考察调研时的重要指示精神，在大力实施文化强省战略上迈出新步伐，加快推动文旅融合高质量发展，山西省文化和旅游厅与山西省作家协会组织编写了"走读山西"系列丛书，分册内容涵盖山西的历史文化、戏曲民歌、壁画雕塑、古建戏台、红色文化等多个领域。丛书图文并茂、深入浅出，具有很强的趣味性和知识性，是山西文化旅游优质资源的资料库，是山西文化旅游产业发展优势的展示台，也是山西推进文化自信自强，向世界讲好山西故事的金色名片。

习近平总书记在党的二十大报告中指出，要讲好中国故事，传播好中国声音，展现可信、可爱、可敬的中国形象，推动中华文化更好地走向世界。相信这套丛书能够为省内外、海内外人士提供方便，让更多的人走进山西、了解山西、爱上山西。

是为序。

目录

引　言

　　朋友，你来过山西吗？或是来到山西，真切感受和领略过它与其他地方不同的奇妙之处吗？你也许会唱，也许曾听到过那首《人说山西好风光》的歌曲，在品味它优美的歌词、曲调和充溢着具有北方黄土情韵的旋律和意境时，是否有种掠过心灵的感动呢？

　　的确，"山西是个好地方"。东边高耸巍峨的800里太行山被华北平原神奇地托起，汾河水流经700余里蕴积出三大丰饶的盆地；古老的黄河在经过九曲十八弯与塞北古长城交汇后则沿着西边的吕梁山由北向南咆哮奔腾而下，并在中条山和秦岭的环绕护卫下作了个九十度的折转、在华夏大地上写下了大大的"几"字的最后一笔后向着大海一路沧歌东去……山西　又如唐代文学大家柳宗元赞叹的那样："晋之山河，表里而险固。"故历史上山西又有"表里山河"之称。

　　山西，从北到南，从东到西。无论是因它在祖国的自然地缘、地理位置、山川风物的独特，还是它孕育了三晋大地的深厚人文历史，这些都是上天的眷顾和人文历史的滋育。人们说"五千年文明看山西""地上文物看山西"，山西也的确不愧为华夏文明的主题公园、古代东方艺术博物馆，它的新旧石器遗迹、遗址及国家级文物保护单位均位居全国之首，更是不愧为华夏古文明的摇篮之一……

如果你来山西旅游、观光，或来山西学习、考察，相信你会得到多种异于他乡的感受和收获。它的历史太悠久了，它的故事太多了，而我在此想要说的和所要讲给你的，是其中的一个小的侧面，但它却是一朵绝世的奇葩，它就是媲美于伟大敦煌石窟艺术的山西古代寺观、殿堂和墓室遗存的精彩的壁画艺术。那么从哪里讲起呢？哦！限于本书的篇幅，就让我们对有着2000余年历史的山西古代壁画艺术作一番匆匆的掠影式的品读说起吧……

第一章

历数家珍

中国古代壁画艺术，滥觞于春秋，兴于汉晋，盛于唐宋，延至元明清。在明清之前一直是中国画的主流，它在形式上依附于各类建筑，而在功能和审美上又自成体系、独具价值，且传统文化积淀深厚、源远流长、蔚为大观，是中华民族历史文化遗产中的宝贵财富和中国古典艺术文明的骄傲。

图1-1 山西地形地貌图

悠悠岁月，彩壁千秋。山西是华夏文明的主要发祥地之一，山西古代壁画是三晋历史文化中独具风采和特点的组成部分之一，且有着自己丰富多元的体系、独特的价值和鲜明的艺术特色，因而在中国古代壁画中占有重要的地位。

山西古代壁画艺术不仅是一份独特而宝贵的中华民族历史文化遗产，而且也是中国古典美术史上绘画艺术的经典代表。同时，作为山西历史文化的重要组成部分，它还是"华夏古文明，山西好风光"的一张精彩绚丽的绝世名片。

让我们以这张名片为导游，把目光和思绪穿过历史的悠悠岁月，去找寻山西古代壁画千年历程的踪迹和身影。

一、悠悠岁月

前秦建元二年（366），当执着于戒行清虚的乐僔和尚行至敦煌的宕泉河畔鸣沙山麓的三危山时，被眼前的"忽见金光，状有千佛"的神奇景象所震撼，如获天启，感悟颇多，于是他决定在此山上"架空凿险"开凿佛窟。伟大的敦煌石窟和佛教艺术圣地由此诞生。

然而，就在乐僔和尚主持并开始开凿敦煌石窟时，早于它300多年，远在黄河中游北岸的山西平陆枣园村，沉睡于这片黄土深处的约为西汉末年东汉初年的墓葬中，已有既朴素又富浪漫想象的表现中原农耕文化的墓葬壁画的存在，它揭开了有着2000余年历史的山西古代壁画的冰山一角，展示出山西古代壁画中对现实人生、神仙世界、生死观、灵魂追问以及先祖崇拜、神话传说等丰富多彩又具特色的片羽吉光。经过多年的研究整理证实,目前看,它应是迄今为止山西古代壁画最早的有实物可考、实体可证的墓葬壁画之一,距今已2000余年。

这一汉代墓葬壁画的发现,佐证了山西古代壁画有着悠久历史的事实。

1.从时间概念上看

山西古代壁画的历史年代久远、序列完整。如果仅就以上所说的,以被发现并可考可证的西汉末年山西平陆枣园村墓葬中的壁画计起,以享誉世界、蔚为大观的敦煌石窟佛教壁画作为一个参照系来

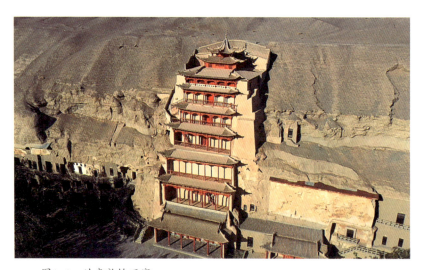

图1-2 甘肃敦煌石窟

看，敦煌石窟佛教壁画艺术始于魏晋，兴于五代，盛于唐宋却至元代之后日渐式微，并进而中断近1000年历史，而山西古代壁画却自汉代开始，历经南北朝、隋、唐、五代、宋、辽、金、元、明、清，各个朝代均有持续的发展，时间跨度长达2000多年，其绵延不绝、传承有序、脉系清晰，实属山西丰厚的历史文化之一。

时光和岁月，见证了朝代的兴亡更替，也成就了历史文化的厚重。如果我们形象地把古代壁画比作一个家族的血脉延续的话，从时间概念上看，不能不说山西古代壁画的历时之长、遗存之多、绵延之久、保存之完整是不同于其他地域的一个特例和奇迹。正是这一在历史时序上绵延持续的特点，使它不仅能够成为中华文化从未中断、连绵不绝的佐证之一，而且还可称得上是中国美术史上绘画传统不断汲取融汇、变迁演进、承续发展并达至东方审美范式的一座恢宏的艺术长廊。

表1-1 山西现存有代表性的古代壁画年代排序表

西汉、东汉	平陆枣园村墓葬壁画 吕梁市石盘村汉墓墓门组合画像石 吕梁市马茂庄3号墓前室左右侧画像石
北魏、北齐	大同仝家湾邢合姜墓石椁壁画 灵丘觉山寺舍利塔壁画 大同北魏司马金龙墓漆屏画 寿阳贾家庄库狄回洛墓壁画 太原南郊王郭村娄睿墓壁画 太原第一热电厂晋源区金胜村壁画墓 太原王家峰徐显秀墓壁画 忻州九原岗墓壁画 朔州水泉梁墓壁画

唐、五代	太原董茹村赵澄墓壁画 太原金胜村6号墓壁画 太原南郊金胜村唐代337号墓壁画 五台山佛光寺文殊殿壁画 平顺大云院壁画
宋	长治市北郊故漳乡故县村墓壁画 高平开化寺壁画
辽	大同华严寺壁画 应县佛宫寺释迦塔壁画
金	大同善化寺壁画 朔县崇福寺壁画 繁峙公主寺壁画 长子石哲村墓壁画 繁峙岩山寺壁画 长治安昌村墓壁画 高平定林寺壁画
元	芮城永乐宫壁画 大同冯道真墓壁画 浑源永安寺壁画 洪洞广胜寺水神庙壁画 稷山小宁村兴化寺壁画 洪洞广胜寺下寺后殿壁画 稷山青龙寺壁画 汾阳五岳庙壁画
明	大同九龙壁 平遥双林寺回廊壁画 太原多福寺壁画 太原明秀寺壁画 灵石资寿寺壁画 新绛稷益庙壁画 汾阳圣母庙壁画 阳高云林寺壁画
清	高平马家村玉皇庙壁画 大同华严寺上寺壁画 平遥镇国寺壁画

2.从遗存数量上看

山西古代壁画的遗存数量巨大，据目前统计，山西古代壁画已知现存27259.52平方米，是全国古代壁画，尤其是寺观、墓室壁画数量占比极高的省份之一。如果用一个人们所熟知且通俗的类比来看，若把它平铺展开，它的面积接近4个国际标准足球场（68m×105m）的大小。现有的山西古代壁画基本属于宗教题材，其中，绘制于各类寺庙、宫观、衙祠等各类建筑之内的壁画，占全国古代寺观壁画遗存的70%以上（8000多平方米）。因此它亦当之无愧地可称之为三晋大地上的一道精彩景观。

表1-2 山西现存主要古代壁画地域分布及面积统计表

分　类	面　积	地　域　分　布
汉代壁画	约181.546平方米	现以吕梁市汉画像石博物馆为主
北朝壁画	约500平方米	现以太原娄睿墓、徐显秀墓及忻州九原岗、朔州水泉梁墓壁画为主
唐代壁画	约61平方米	现以五台山佛光寺壁画为主
五代壁画	约46平方米	现以平顺县大云院壁画为主
宋代壁画	约175.42平方米	现以高平市开化寺、长治故县墓室壁画为主
辽代壁画	约108平方米	现以应县木塔及灵丘县觉山寺壁画为主
金代壁画	约710平方米	现以大同华严寺、繁峙岩山寺壁画为主
元代壁画	约1745平方米	现以芮城永乐宫、广胜寺壁画为主
明代壁画	约2310平方米	现以平遥双林寺、太原多福寺为主
清代壁画	约2910平方米	现以大同华严寺、太原晋祠等为主

注：寺观壁画数据引自《中国地域文化通览》，中华书局，2013版，第388页。

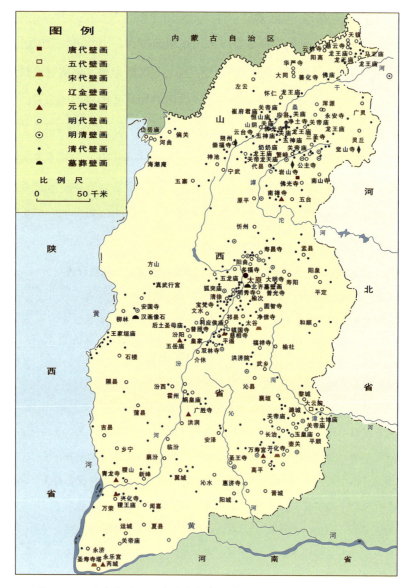

图1-3　山西古代壁画现存地域分布统计图

在此，需特别说明的是，从严格意义上讲，这份统计并不完整，但它足以说明山西古代壁画现存数量之多与分布之广。之所以采用这种列表方式，旨在给大家一个关于山西现存古代壁画的整体印象，或给研究者提供一份简明的参考，从而有利于其了解认识这方孕育、创造这一灿烂文明的文化热土的独特与精彩。

客观地讲，山西古代壁画将会随着考古学方法的不断进步、考古技术的逐步完善、"文保"工作的快速发展而取得新的重大发现。同时，随着近年来学术界研究者的增多、各种壁画博物馆的兴起，以及从艺者、爱好者的多方广泛关注，山西古代壁画这一有着悠久历史的珍贵遗产，将会更多地以精彩的面目在拂去历史的尘埃后，生动和真切地展现在人们的眼前。

二、多彩长廊

通过以上统计图表，我们不仅可以清晰地看到山西古代壁画的遗存情况和它从北到南的分布状况，而且还可以就其分布状况从地缘文化视角结合历史文化去发现它的深层文化内涵和特点。山西古代壁画形态多样、内容多元、形式丰富、蕴含着丰厚的历史文化信息……诸多要素，形成了山西古代壁画的又一显著特点和鲜明特色。

首先，从文化特质上看，山西作为华夏文明的发源地之一，既有深厚的三晋历史文化的积淀和传承，又有华夏农耕文明与北方草原游牧文明的交流、碰撞、融汇。此外，山西历史上宗教文化的繁盛，也使得山西现存宋元以前的各类寺、庙、宫、观、祠等占全国的72.6%以上，现计有28027处古代木结构建筑，这些建筑亦为历朝历代不同内容的壁画绘制提供了特有的空间和条件。

这些因素促成山西古代壁画艺术多样性、丰富性、复杂性的特点，使其在表现内容和形式上，迥异于敦煌壁画以佛教题材为主的内容与表现样式。

其次，从艺术表现上看，山西古代壁画艺术表现形式多样、自成体系、技艺精湛、精微恢宏，具有鲜明的民族特色和东方美学品格。它的现实主义和浪漫主义创作手法，它的"非壮丽无以重威"充满想象力的表现形式，它的构图、设计、工艺绘制和与建筑相得益彰的综合构成，以及在色彩、线条上富丽风动的装饰风格与绘画传统，无不展示着中华文明的瑰丽丰采和绝世历史成就，它们是技巧与智慧交相辉映的灿烂结晶。

总体来看，山西古代壁画艺术，以其"图画天地、品类群生"之丰富内容，反映了中华文明在不同历史时期的政治、经济、宗教、民俗、艺术、民族交流等，体现着"成教化，助人伦，穷神变，测幽微，与六籍同功，四时并运"的"文以载道"的艺术理想和特殊文化功能。

山西古代壁画艺术，依基本类型可分为以下三类：

1.寺观、殿堂壁画；

2.墓葬、墓室壁画；

3.石窟、石刻壁画。

依托以上三类物质载体，山西古代壁画造就了一座中国美术史上古典绘画与东方审美兼具的恢宏的多彩长廊。

让我们沿着山西古代壁画的千年历程，去做一次经典的美的巡礼……

三、经典巡礼

（1）古朴汉风

汉代壁画以墓室壁画为主，这与当时统治阶级提倡孝道、盛行厚葬的风气息息相关。首先，东汉以来，儒学、谶纬之学结合，成为官方的统治思想。儒学神秘化、道教兴起和佛教传入，影响并推动着壁画艺术广泛流行。其次，在"事死如事生""慎终追远"观念的影响下，"行孝"盛行，厚葬成风，很多贵族豪强的坟墓都具有相当规模并影响到民间，成为时尚。因此，壁画也多用于墓葬，这时期壁画多绘刻于墓室四壁或棺椁、祠堂的石阙、画像石、画像砖（可称为石刻壁画）上。

画像石与画像砖是中国汉代的石刻画，是汉代美术遗存的重要载体形式。其特点是艺术家以刀代笔，在坚硬的砖石面上雕绘山精美的图像，是雕刻和绘画相结合的艺术品。画像石大体始于西汉晚期，盛行于东汉，是用于构筑墓室、石棺、墓前祠堂和石阙等墓葬建筑的装饰石材。画像砖是用于墓室建筑的砖刻绘画，是具有装饰意义的建筑构件。汉墓壁画在画像石与画像砖中所表现的丰富内容与简洁夸张、古拙雄健的艺术形式美，堪称是一部"绣像的汉代史"（翦伯赞语），鲁迅先生亦给予"深沉雄大"的赞誉。它的艺术表现性为以后的绘画艺术发展奠定了坚实的基础，成为中国绘画史上的第一个高峰。

壁画所表现的题材、内容大多为历史故事、神话传说、日月星辰、天神四像、农耕经济、家居出行、宴猎歌舞等，可谓"图画天地，品类群生"，也有不少反映政治、经济、典章制度的具有重要历史意义的图景。它们形象生动地记录和反映了当时的社会风貌、生活风情，蕴含着丰富的历史文化内涵和艺术价值。

汉墓壁画在构图、造型和色彩构成上所具有的装饰性、审美风格上的简朴大方、朴实浑厚、浪漫奔放，为中国绘画艺术的民族传统奠

图1-4 平陆枣园汉墓壁画西壁《牛耕图》

图1-5 平陆枣园汉墓壁画北壁《坞壁图》

定了基础，并对后世产生了极其深远的影响。

山西平陆枣园村的汉墓壁画（1959年发现），就艺术表现的特点而言，在中国美术史上具有中原农耕文化艺术的典型意义和本土原始宗教意识的代表性。

其中绘于墓室西壁和南壁的《牛耕图》和《耧播图》被认为是"中国现存最早的牛耕耧种图像"[1]。而北壁所绘的《坞壁图》，其"俨然似宋元山水画的开合章法""无疑是中国山水画在确立形成之前的一种过渡形象，或称之为雏形"[2]，从而引起美术工作者的特别注意，它有着对中国山水画之渊源探迹的特殊价值和意义。

绘于藻井的青龙、白虎，反映出源于中国远古星宿信仰的青龙、白虎、朱雀、玄武，又称四象，即中国神话中的四方之神灵。它们分别代表东、西、南、北四个方向，是两汉时期被道教吸收信奉的四灵神君。

另外，出土于山

图1-6　平陆枣园汉墓壁画之青龙

图1-7　平陆枣园汉墓壁画之白虎

图1-8　吕梁石盘村汉画像门

西吕梁地区的东汉彩色画像石，以墓主升仙和墓主出行为主要表现题材，表达了"天人合一""视死如生"的宇宙观和生死观，刻画手法细腻传神、潇洒飘逸，充满动感和力量。这种浪漫主义的创作画风，把神话世界和人间百景融为一体，呈现出神秘而欢快的气氛。粗犷的地域风格和色彩鲜明的艺术特色，使得它在众多汉画像石中独放异彩。

（2）北朝风采

北朝是中国历史上与南朝并立的魏晋南北朝时期北方鲜卑族政权的总称，兴亡于山西北部。晋北又是佛教本土化、政治化的起始之地，在山西乃至中国历史上占有特殊的重要地位，对山西地域文化特色的形成起着重要的作用。北朝包括北魏、东魏、西魏、北齐、北周五个王朝，从北魏建都平城即今山西大同，并自统一北方开始到隋文帝建立隋朝为止，与南方地区相继出现的宋、齐、梁、陈四个朝代对峙将近150余年。

动荡、征战、阶级矛盾、民族间的冲突与融合、玄学的产生、佛教的兴盛、中外文化交流的影响，作为魏晋南北朝的社会主题和多元文化思潮形成的历史背景，为中国文化的发展增添了新的因素，推动了佛教文化、建筑艺术、绘画艺术的发展和丰富。南北朝时期寺观已遍布各地。

寺观壁画在这样的历史背景下获得了空前的发展，出现了多种宏伟的构图与样式，塑造了丰富感人的形象与境界。这一时期壁画艺术写实严谨、文静雅致、清新俊逸风格的成熟，为隋唐艺术黄金时代的到来打下了基础。

纵观北朝留给后世的艺术作品，墓葬壁画，成为山西古代壁画中仅次于寺观壁画的一个重要部分。因载体的不同，墓葬壁画大体可分为三类形式：第一类是直接绘于墓室四壁；第二类是在石质葬具如石棺椁之上的刻绘，如大同沙岭邶谷安墓石椁壁画、北齐至隋的太原虞弘墓石椁浮雕壁画；第三类则是在木质葬具上的绘画，如北魏司马金龙墓屏风漆画等。一幅幅作品均以其独有的生动超然的画风透射出时代特色，并风姿卓然地穿越千年，为世人呈现来自民族大融合背景下包括佛教东传、佛教信仰与佛教艺术及中外交流的北朝文化的特有图景。

山西出土的北朝壁画中，以1979年出土于太原王郭村的北齐娄睿墓壁画、2001年出土的太原王家峰村徐显秀墓壁画，以及其后忻州九原岗、水泉梁大型墓壁画为代表。

北朝墓葬壁画的出土，在中国考古界以及艺术界引发了巨大的轰动，而"其保存最好、艺术水平最高，要数北齐山西太原的娄睿墓壁画"[3]，"为北齐传世作品中最为难得的珍品"[4]。该壁画整体布局合理，内容丰富，场面宏大，主从有序。出行、回归、门卫仪仗、日月星辰等内容，以艺术长卷形式展开，表现出墓主人生前生活的显赫场面，以及死后升天的空幻境界。北齐娄睿墓壁画的面世，为中国古代美术史翻开新的篇章。

娄睿墓壁画、徐显秀墓壁画和忻州九原岗、水泉梁大型墓壁画，均属北朝时期中国绘画艺术的代表作。壁画保持了汉魏壁画单纯粗犷的风格，画面构图宏阔、形象生动、线条稚拙又流畅遒劲、色彩鲜丽、晕染成熟，拓展了中国绘画艺术的造型基础，既融合外来绘画艺术成分，又突显出中国传统绘画单线勾勒、重彩晕染的表现特征。绘画者的艺术手法，展示出北方草原文化和中原农耕文化融合中上承汉晋，融会西域，而下启隋唐的创新风格，将魏晋以来的中国墓葬壁画艺术提升到一个崭新的高度，显示出北朝壁画艺术的惊人发展和不凡成就，为接踵而至的隋唐壁画开启了先河。

（3）华美大唐

隋、唐、五代是中国封建社会第一个高度发达成熟的时期和政治、经济、文化、艺术的黄金时代。"以五彩施于壁上"的壁画艺术迎来了划时代的"焕烂求备"的全盛发展时期，其华彩神韵，各体皆备，题材丰富；图形写真，丹膜之事，蔚为大观。加之中国古典绘画受佛教艺术、佛画东渐的影响，两者有机吸收融合并臻于成熟，从宫廷画家到民间画工群体普及，脉系承传，人师辈出。

寺观壁画艺术，作为古代建筑最重要的艺术组成部分之一，在建筑物中起着画龙点睛的重要作用，因此，以寺观壁画为主体的山西古代壁画的大量遗存与山西古建筑遗存众多有着重要的关系。隋唐盛世的寺观壁画极为繁荣，遍布中原。隋代展子虔、董伯仁、郑法士等，唐代吴道子、周昉、尉迟二僧，及五代荆浩等著名的绘画大家，都以善绘宗教壁画著称。据史籍记载，他们亲手绘制的壁画数以百计，作品代表了当时中国绘画的最高水平。

这一时期的山西古代壁画，最具代表性的是五台山佛光寺东大殿的唐代壁画，它是我国唯一现存的、最早的寺观壁画。其次还有隋代的虞弘墓石椁。虞弘墓出土的汉白玉石椁、彩绘浮雕和石雕乐俑，以浓厚的异域风情、鲜明的文化特色、高超的艺术水准和重要的历史价值，一经出土，即震惊中外。

虞弘墓出土石椁浮雕壁画共54幅，所绘内容多是宴饮、歌舞、骑射和狩猎等生活场景，其形象、造型、装饰等艺术表现有着明显的波

图1-9 太原王郭村隋代虞弘墓《出行图》局部

斯风格。

这座沉睡了1400余年的墓葬,犹如一座特型的宝库,散发出浓浓的异域风情,华丽而神秘地展现在世人的面前。它揭示了中古时期中外文化交流的真实情景并证实着山西这方热土被誉为"多民族文化交流的大熔炉"和山西历史文化中所具有的独特性。

特别需要指出的是,山西五台山佛光寺唐代壁画、平顺县大云院五代壁画，均因所附古建筑的遗存而成为当今国内仅存的唐朝、五代时期寺观壁画珍品。

五台山佛光寺东大殿壁画《天王镇妖图》（80厘米×30厘米），是中国现存最早的佛寺壁画。此壁画作于唐大中十一年（857），画风简而疏，线条奔放道劲，兰叶描表现骨骼肌肉，劲健有力。颜色简淡，并有渲染。画面上有天王、小鬼、天女、力士、妖猴、神龙等，与吴道子《天王送子图》（摹本）相似，体现了唐吴道子画派的风貌，说明了"吴家样在壁画史上的深远影响"。画面素雅俏丽，绘制技艺高超。浓淡墨色虚实相映，有"焦墨淡彩"的唐画之风。绘画艺

图1-10　五台山佛光寺东大殿唐代《天王镇妖图》局部

图1-11　平顺大云院弥陀殿五代《飞天图》局部

术水平之高可与敦煌莫高窟唐代石窟壁画相媲美。

平顺县大云院壁画，为五代仅存的佛寺壁画，创作于后晋天福五年（940）。大云院位于山西省平顺县城西北26公里的实会乡以北双峰山中，为国家重点文物保护单位。其中的弥陀殿面阔三间，进深三间，为单檐歇山式屋顶。原殿内供阿弥陀佛，殿名由此而来。

弥陀殿内四壁满绘壁画，清康熙年间因雨浸墙体，致使大部分壁画毁坏，仅东壁、北壁等少部分壁画残存至今。东壁绘有《维摩经变》，北面扇面墙画有《二菩萨立像》（观音、大势至菩萨），壁画采用工笔重彩画法，线条流畅并有变化，色彩艳丽，沥粉贴金。在绘制技法上承袭晚唐时期流行的周昉画风（周家样），以及"焦墨薄彩"风格。线条浓淡分明、转折有序，设色丰富，间施以沥粉贴金。人物形象丰腴柔丽，具有鲜明的由唐代"贵而美"向宋代"淡而雅"风格的转变。

可以说大云院壁画是迄今我国仅存的五代壁画，弥补了我国古代寺观壁画史上的一页空缺。

（4）宋金神韵

宋、辽、金时期是一个各个政权并立、对峙期，民族矛盾、阶级矛盾一直复杂又尖锐地存在着。但各政权统治者都对宗教采取了兼收并蓄的态度。随着儒、道、释三教合一相互吸收融汇、市井民俗文化多元发展和美术样式、形式空前丰富，加之宋徽宗时期皇家画院的创建和宫廷画师体制的影响和推动，中国绘画艺术进入又一高峰期。同时各种宗教壁画都得到了较大的发展，其中寺观壁画便是重要的表现形式之一。

宋、辽、金时期山西寺观壁画的绘制很多是由民间画师承担的，画风、画技既受隋、唐、五代的影响，同时，又在传承中创造性地用现实社会的世俗景象来描绘佛教信仰、义理、传说，扩展了宗教壁画的内容和形式，使寺观壁画对当时社会生活的描绘产生了新的世俗化审美情趣，丰富真切，颇有新意。

位于山西省高平市东北17.5公里处的开化寺壁画，是目前国内仅存的宋代寺观壁画的重要代表作品。开化寺原名清凉兰若寺，创建于北齐武平二年（571），据记载，北宋天圣八年（1030）改称开化寺，熙宁六年（1073）重建大雄宝殿，现为国家重点文物保护单位。

图1-12　高平开化寺大雄宝殿宋代《经变故事》局部

殿内四壁满绘佛传与佛教故事壁画，由画师郭发等人于北宋绍圣三年（1096）绘制完成，工艺精湛、构图严谨，其中国化、生活化、世俗化程度前所未有。壁画构图饱满严密，线条流畅遒劲，有"莼菜条"之笔意并具"吴派风范"，设色艳丽，沥粉贴金，金碧辉煌，画风细密，尤其是对女性的描绘，精妙入微、秀丽妩媚，表现出世俗之美，是宋代画风和宋代壁画的代表作品，也是我国现存古代寺观壁画中的稀有佳作。

山西繁峙岩山寺文殊殿金代壁画，是迄今仅有的金代佛寺壁画，为宫廷画师王逵所作。它承宋画而发展，并达到了新的高度。壁画内容以佛教经传故事为主题，所表现的许多形象和画面，"正似张择端《清明上河图》全景式的描写"[5]，是当时社会形态与生活情景的缩影，被称为墙壁上的《清明上河图》。

岩山寺原名灵岩寺，位于山西省繁峙县城东南36公里处天岩村，为国家重点文物保护单位。岩山寺创建于金正隆三年（1158），该寺以南殿即文殊殿内壁画最具特色。壁画题材丰富、画技高超，除宗教题材的作品外，还有许多反映社会生活和风貌的内容，是中国古代壁画中不可多得的优秀作品。

整个壁画采用青绿山水画法，写实精细，一丝不苟。勾勒、皴擦、渲染、敷色、沥粉贴金、重彩界画等多种画法综合运用，画风清丽精细，极具特色和品位。构图中的人物故事，山、石、树林分隔、连接过渡的布局，承上启下（上承北宋开化寺，下启元代永乐宫）的

图1-13　繁峙岩山寺文殊殿金代壁画局部

构成法影响至今。壁画内容丰富、构图严密、形象生动、笔力刚劲、设色精丽，在艺术表现上的精湛成熟达到了中国壁画史上的又一高峰，是山西乃至中国古代壁画的精品之一。同时也是研究金代历史、社会、宗教、建筑、生活习俗和美术的珍贵资料。

朔州崇福寺金代壁画也很有代表性。崇福寺位于朔州城内旧城东街北侧，创建于唐麟德二年（665），规模宏伟，建筑壮丽。现存山门及观音阁、弥陀殿、地藏殿、文殊堂、藏经阁、钟鼓楼等建筑。主殿弥陀殿为寺内最大殿堂，是我国现存较完整的金代建筑和三大佛殿之一。

寺内弥陀殿所绘"西方三圣"阿弥陀佛、大势至菩萨、观世音菩萨的佛教壁画，就是一组庄重宏伟、气势夺人、画工精细、色彩绚丽的承袭晚唐画风的佳作。壁画设色以朱红、石绿为主。

图1-14　朔州崇福寺南壁金代《千手千眼观音菩萨演法图》局部

南壁整面绘有《千手千眼观音菩萨演法图》，是寺内最精美的形象之一，生动再现了观音菩萨演法时的壮观场面，是一幅典型的金代水陆画像。菩萨为立姿，变化身，十八面，千手，掌心各绘一眼，手中各擎一件法器，星辰日月、龙楼宝盘、刀戈剑戟、琴棋书画等应有尽有，千变万化。从艺术表现上说，千手千眼、十八面等奇异形象显示了古人高超的想象能力，艺术家笔下的叠垒之头面、多姿之手臂既闪烁着宗教的神秘色彩，又给世人以浪漫的情调。

（5）恢宏盛元

公元1271年，被冠以"上帝之鞭"的蒙古大军横扫征服了欧亚大陆之后，史称元世祖的忽必烈入主大都（今北京）并定国号为元，于1279年灭南宋统一了全国。在将近一个世纪的统治时期，元朝疆域辽阔、中外文化交流增加，各种宗教艺术均得到了发展，其中道释画艺术更进入了复兴和发展的全盛时期。

元代壁画继承发展了唐宋画家的优秀传统，形成宗教壁画发展的又一个高峰。

现有的元代寺观壁画仍主要集中于山西，数量之多、品位之高为全国之首，其代表作有芮城永乐宫壁画、洪洞广胜寺水神庙壁画、稷山青龙寺壁画等5处。

永乐宫，原名大纯阳万寿宫，是一组著名的元代道教宫观建筑群，位于山西省芮城县城北3公里龙泉村东隅，为国家重点文物保护单位。绘制于1325—1368年间的永乐宫三清殿的壁画《朝元图》，

图1-15 芮城永乐宫三清殿元代《朝元图》局部

是道府诸神朝谒元始天尊的大型仪仗场面。图中的主像为古代神话传说中的西王母。周围的群仙有玉女、十太乙、八卦神及雷公、电母等。画中右侧玉女冠戴华美，衣饰瑰丽，面目俊俏，举止优雅；太乙须髯垂胸，举圭恭请，表情真实，动感强烈。图中大型人物高达3米，而其毛发飞动，根根见线，衣带飘扬一笔构成，令整幅画面有满壁风动之感，人物刻画，形神兼备，铁线描技法精湛，功力非凡。重彩勾填的画面用色多达十几种，并大量使用沥粉贴金法，在庄重深沉中渲染出华美富丽的艺术效果。《朝元图》为巨幅人物画，场面宏大、色彩典雅、构图严谨、技法超群，为中国古代绘画史留下了宏伟的篇章，是元代寺观壁画的代表性作品，堪称中国乃至世界壁画史上的杰作。

稷山青龙寺属于佛教庙宇，位于山西省稷山县城西4公里马村土岗上，为国家重点文物保护单位。青龙寺腰殿建于元至元二十六年（1289），面阔三间，为悬山式顶，殿内四壁的壁画是青龙寺所有壁画的精华。

　　稷山青龙寺壁画,是中国现存最早的水陆画。"水陆画是佛教在举行水陆法会时使用的图像系统,是为举行水陆法会而逐渐形成的一个绘画体系,通常以佛教图像为主,掺杂有某些道教图像和儒家图像,一般认为起源于南朝梁武帝时,可以看作是民众宗教信仰的大系统,是对不同信仰和观念的多重组合,也是一种非常'中国化'的图像体系"[6]。该壁画气势恢宏,线条均匀流畅,笔法刚劲有力,人物刻画精彩传神,其人物造型、技法与色彩同永乐宫三清殿壁画颇为相似。画面笔力劲健纯整、风格浑圆持重,较永乐宫壁画毫不逊色。

图1-16　稷山青龙寺元代《左右护法善神》局部

该壁画体现了元明之间的画风过渡,描绘工精、写实成熟、线条流畅、铁线描为主,略有变化,不做沥粉贴金,不加渲染,画风简洁明朗,是元代壁画中的又一精品。

　　广胜寺位于山西省洪洞县城东北

17公里处霍泉北侧，分上下两寺，外加水神庙，一共三处，是一佛刹，为国家重点文物保护单位。

广胜寺创建甚早，遇金"贞祐兵乱"被焚重建，元大德七年（1303）大地震中被毁后，于元至大二年（1309）重建，其建筑、塑像、壁画皆为元代之物。

水神庙由三个部分组成，即山门、仪门和明应王殿。明应王殿创建年代不详，原建筑于元大德七年（1303）的大地震中被毁，现存明应王殿为元延祐六年（1319）所建，到元泰定元年（1324）完成殿内壁画的绘制。殿面宽、进深各五间，为重檐歇山顶，四壁绘满了壁画，由民间画师完成，生活气息非常浓厚，是我国元代表现风俗民情的优秀之作。

图1-17　洪洞广胜寺下寺及水神庙、明应王殿外景

广胜下寺大雄宝殿（后殿）与前殿四壁绘满壁画，但绝大部分壁画于1928年被美国人华尔纳、普爱伦、史克门等人廉价购买，偷运出国。这些珍品现分别收藏于美国纽约大都会艺术博物馆、堪萨斯纳尔逊—雅坚斯艺术博物馆、费城宾夕法尼亚大学博物馆。

（6）明清精粹

明清两代是中国封建社会急剧变革，并由强而弱逐步走向衰落的历史时期。明清壁画总的趋势虽日渐式微，但西学的输入、资本主义生产关系萌芽的出现、市井文化和民间艺术的不断发展，对明清时期以寺观为主的壁画艺术，从内容表现上、形式风格上都产生着重要的潜移默化的影响。因此，在表现内容和绘画风格上有着更接近于民俗信仰和世俗生活的倾向与特征。

现存山西明清时期的壁画，以数量众多、题材丰富、艺术性高超而享誉海内。如汾阳圣母庙壁画，描绘出皇家生活场景，充满宫廷气息。此外，如果说新绛县稷益庙壁画，以神话传说为题材，描绘大禹、后稷、伯益三圣为民造福的业绩和受万民朝拜的情景，体现着中国民间民俗中深厚的先祖崇拜意识；那么，霍州娲皇庙圣母殿内描绘娲皇圣母在宫廷中处理国事诸情节的壁画，以及东壁殿宇檐下正中悬挂的"万世母仪"、西壁正中大殿上书的"开天立极"，则以此主题依据神话传说与清代社会现实生活交织组合在一起的画面展开，体现出对母性和生殖崇拜。

稷益庙位于山西省新绛县城西南15公里的阳王镇，俗称"阳王庙"，为国家重点文物保护单位。稷益庙始建年代不详，明嘉靖二年（1523）重修。正殿面阔五间，进深六椽，为单檐歇山顶。殿内除门窗外，四面墙上的壁画由民间画师常儒、常耜、陈圆等人依据中国古代神话和历史传说绘制。壁画内容丰富、形象生动、艺术精纯，十分珍贵。

稷益庙壁画，以描绘古代传说中历代圣贤为民造福的故事为题材，其中不少情节取自现实生活，颇有风俗画意趣。壁画中的人物形象是当时社会各阶层人物和民俗风情的生动写照。巧妙的布局，将历史传说、民间神话和社会生活有机结合为一体，还表现了古代农耕、狩猎的场景，艺术构思独特、新颖，风格古雅，气韵高洁。人物形象众多且生动传神。这样的重彩山水人物画，是明代壁画的珍品。

正是这些融入了浓郁的世俗之风的壁画，在寺观壁画中可谓独树一帜。其中不少情节，如耕获、捕蝗、田猎等，都取自现实生活，颇有风俗画意趣。壁画中的帝王高官、文人雅士、猎手、农夫等人物形

图1-18　新绛稷益庙明代《朝觐三圣帝君图》局部

象和生产生活情景，是当时社会各阶层人物和民俗风情的生动写照。画面上人物以建筑为背景，主体突出、繁而不乱、场面壮阔。壁画采用工笔重彩画法，线条雄健、色彩浓丽、宏伟壮观，其中精工彩绘的殿堂楼阁亦是当时殿宇建筑的真实刻画，是不可多得的建筑史资料。

圣母庙，俗称"娘娘庙"，位于山西省汾阳市区西北4公里的田村，为山西省重点文物保护单位。

圣母庙创建年代不详，于大明嘉靖二十八年（1549）重建。圣母殿面阔三间，进深四椽，为单檐悬山顶。殿内东、西、北及两次间所绘壁画全为与西王母有关的神话故事和西王母后宫生活场景。画面人物刻画细腻，动静结合，疏密有致，是我国明代壁画中的精品。

其中，东壁的《乐伎图》尤为精美，图中一群乐伎、宫女分别执玉笛、琵琶、拍板、琴、瑟、阮咸和二胡等乐器，以及卷轴、慧灯、龙台、酒盏等物品列队行进，她们相互间顾盼传情，弹奏中徐徐而

图1-19　汾阳圣母庙圣母殿东壁明代《乐伎图》局部

行。乐伎和侍女多着长裙，发型全梳偏髻，面容秀美，身姿俏丽，仕女人物刻画得栩栩如生。各种人物性格鲜明，表情符合身份特征，刻画精妙入微，毫无单调雷同之感。壁画以重笔平涂，朱色为主，色彩鲜艳夺目，画面热烈而和谐，是保存较好的明代中叶壁画精品。

永安寺位于山西省浑源县城内东北隅，俗名"大寺"，为国家重点文物保护单位。

永安寺创建于金，寺内传法正宗之殿于元延祐二年（1315）重建，此殿面阔五间，进深四间，为单檐庑殿顶。殿内四壁绘满壁画，画中有各类神祇与农人、儒生、乐伎、杂耍、妇人等九流百家之众，他们的衣着、神态和所用器皿，反映出各自不同的社会地位。人物形象端庄俊秀，肌体丰润，服饰、冠带符合明代舆服制度。画中人物的

图1-20　浑源永安寺传法正宗之殿明代《八臂明王》局部

衣纹线条多用铁线描或兰叶描；画面设色重彩平涂，暖色偏重，与金代、元代壁画多以青绿为主的格调截然不同。所绘内容可称为中国宗教神祇之大全，是研究我国儒、释、道三教合流的珍贵史料。

"千载寂寥，披图可鉴"，正是这些历经岁月风尘、弥足珍贵的古代壁画艺术精品，体现了中华文化的思想观念，表现了绘画艺术的发展轨迹，再现了古代社会的生活场景，具有极其重要的、不可再生的历史、文化和艺术价值，成为我们民族自信、自豪的精神财富与物质财富。同时，它也将与占全国之首的山西古代建筑、彩塑艺术等历史文化遗存相映生辉，成为山西这一"中国古代东方艺术博物馆"中的一颗璀璨明珠。

记得有人曾经这样说，山西古代壁画如一幅徐徐铺开描绘中国璀璨历史的丹青长卷。庙堂高远，抑或民间烟火，都被细致真实地还原出来，为世界了解山西又打开了一个特别的信息通道。

注释：
[1]祝重寿：《中国壁画史纲》，文物出版社，1995年版，第14页。
[2]王伯敏：《中国绘画历史》，生活·读书·新知三联书店，2000年版，第87—88页。
[3]王伯敏：《中国绘画历史》，生活·读书·新知三联书店，2000年版，第196页。
[4]祝重寿：《中国壁画史纲》，文物出版社，1995年版，第29页。
[5]王伯敏：《中国绘画历史》，生活·读书·新知三联书店，2000年版，第196页。
[6]上海博物馆：《壁上观：细读山西古代壁画》，北京大学出版社，2017年版，第45页。

第二章

明珠沧桑

一、贱卖国宝

凄风苦雨，多事之秋。秋雨连绵的夜晚，大殿屋檐下的滴水声和大殿内渗漏的雨水滴入桶中的叮咚声，让多年来持守长夜秉烛修行、闭目禅坐的贞达和尚，无论如何也无法进入他那禅定修业的境界之中。屋漏偏逢连阴雨，他真不知这样的天气还会持续到何时。大殿中的滴滴渗水，像是滴血般刺痛着他的心灵，又如毒液般浸蚀着他的胸腔，让他感到全身沉重和一阵阵窒息，继而又似乎产生了一种幻觉……

贞达和尚从恍惚中惊醒，深深的罪恶感与坚持修行的善念、遥不可及的天国与灾难深重的现实之间，竟如此矛盾又绝望地纠缠撕裂着他。

天灾加人祸无情地侵蚀摧残着这座始建于东汉桓帝建和元年（147）的曾香火鼎盛的名刹。它在千年岁月曾几度临危重生，尤其是经历过金兵南侵的兵灾战火，重建后又经历了元大德七年（1303）平阳大地震的毁坏，而后又一次次被修复。可如今家国蒙难、信众寥寥、僧侣四散，加之多年来寺院和地方政府都无力修缮，这座千年古刹愈加破败，随时有倒塌的危险……

天灾无情，人祸更甚。此时正值公元1928年，正是军阀混战、天下大乱之岁。战乱不息又兼山西等地瘟疫四起，号称模范省的山西，

图2-1　洪洞广胜寺下寺大雄宝殿（后大殿）

实是民生凋敝，且僧俗难免……就在贞达和尚苦于身为佛家弟子不仅难以修己渡人，更无力扶这古刹于将倾之时一个让人意想不到的情况出现了。正如俗语所说"不怕贼偷就怕贼惦记"，此时有人已盯上了大殿中的壁画。

美国华尔纳、普艾伦、史克门等人以考察学者的身份发现了广胜寺下寺后大殿（大雄宝殿）东西两壁绘于元代的《药师经变图》《炽盛光经变图》和前殿东西两壁绘于明代的《药师说法图》《炽盛光经变图》，叹为观止之际又心生贪念，遂与当地豪绅李宗钊等人联络谋划，并登门提出求购意愿。

无奈和负罪的寺僧贞达最终悲哀却也自觉释罪地认为，世事至此，与其等大殿坍塌，壁画随之尽毁，倒不如讨价还价舍画保殿。何况听闻此前南边的稷山兴化寺壁画已有被出卖之例。于是在地方官员

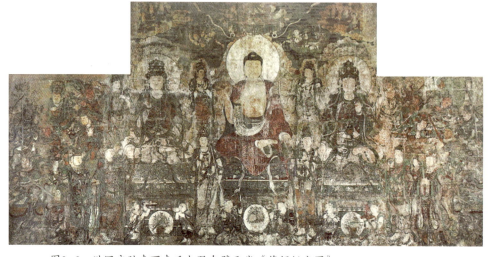

图2-2 洪洞广胜寺下寺后大殿东壁元代《药师经变图》

赵城县的县长张梦曾和当地乡绅张瑞卿、王承章等人的参与主持下，同意将前后大殿的《药师经变图》《炽盛光经变图》近300平方米的佛教壁画分割剥离，以1600银圆的价格卖出。

今天站在保护国家利益的立场和对民族古代文明、文化遗产的保护的法律角度来讲，这一事件无疑是一次合谋犯罪。但可悲的是，国失纲纪，无人管束，而时人并不觉得这是一件耻辱的事情，恰恰相反，他们这种愚蠢而可怜的如鲁迅笔下的阿Q一样，自诩聪明地认为这种卖壁画而保寺庙的动机和行为是一种"义举"，不仅值得褒扬，并且还勒石记功，把出售壁画的事情原原本本地记录了下来：

山下佛庙建筑，日久倾塌不堪，远近游者不免触目伤心。邑人频欲修葺，辄因巨资莫筹而止。去岁有远客至，言佛殿壁绘，博古者雅好之，价可值千余金。僧人贞达即邀请士绅估价出售，众议以为修庙无资，多年之憾，舍此不图，势必墙倾像毁，同归于尽。因与顾客再三商榷，售得银洋一千六百圆，不足以募金补助之。

注：（民国时期1银圆按今时现金兑换约为1∶200元，1600银圆约合人民币32万元）

此通立于1929年的《重修广胜下寺佛庙记》石碑现存于广胜寺下寺后院东厢房廊檐下。碑文中真实地记载了卖壁画的经过，刻下那历史荒唐的一幕。随着岁月的磨洗，碑文已渐渐模糊不清，但刻在中华民族文化历史上和中国人心灵上这道耻辱的伤痕却难以磨灭、依然清晰。

广胜寺这4铺佛教壁画流失海外并几经转卖，最终分别收藏于美国纽约大都会艺术博物馆、美国堪萨斯纳尔逊—雅坚斯艺术博物馆、美国费城宾夕法尼亚大学博物馆。此外，还有山西稷山县兴化寺、青龙寺，山西平阳府（今临汾）万圣观等多处元代、明代壁画被盗割转卖至加拿大安大略博物馆。此类事件屡屡发生，留下一道道历史的疤痕。

关于山西古代壁画被盗取贩卖、流散海外的故事，我们随后将会专题讲述。

二、明珠重现

古老的黄河之水九曲十八弯，从西北高原经数千里漫流跋涉后，在山西偏关的老牛湾由北向南穿越过黄土高原、秦晋大峡谷，结束了它奔腾、怒吼、咆哮并充满了激越豪情的征程后，在芮城县拐了一道90度的大弯，完成了流经华夏大地上一个几字形行程的最后一笔，转而掉头东去，从容坦荡地一路浩歌向大海奔去……

闻名于世的永乐宫便坐落于山西最南端黄河北岸边上的运城市芮城县永乐镇。历经700余年，它听涛声、伴日月、历沧桑，直至

图2-3　芮城风陵渡黄河转弯处

1952年全国第一次文物普查中重被发现，当时就引起轰动，震惊学术界。

当时专家勘察后认为：永乐宫是现存的元代精美建筑，是全国最大、最完整的道教宫观，其中三清殿元代壁画《朝元图》是我国古代绘画艺术的经典范例，也是世界现存体量最大的古代壁画艺术，是世界绘画史上群像构图发展的顶峰，是世界罕见的巨制，堪称国宝之最。

永乐宫，是为纪念著名的道教全真派尊崇的北五祖之一，并被世人所称奇的"八仙之一"的吕洞宾而建的宫观，是中国道教全真派的三大祖庭之一（另外两个为北京白云观、陕西鄠邑区重阳宫）。永乐宫又称大纯阳万寿宫，因其地处永乐镇而又被称为永乐宫。它始建于元贵由二年至元至正十八年（1247—1358），历时110多年，贯穿于元朝百年兴亡的始终。永乐宫作为我国现存最大、保存最完整和具有皇家规制的道教宫观自是由来非凡。然而，自明朝中叶后，道教衰落的势头已现。到了清代，朝野重佛抑道，其正统地位逐渐下降。近代以来的道教不仅受到清政府的抑制，也受到帝国主义侵华势力的贬抑影响，曾呈现鼎盛煊赫之势的永乐宫亦日见寥落颓败、隐没于村野之中。永乐宫曾被当作永乐镇招贤村小学堂，又因怕孩子们恐惧，便用一道假墙遮掩壁画，正是这一做法，才使得壁画日后免遭侵华日军的直接损害，实属万幸。

后又因国家兴建三门峡大坝，永乐宫所在地位于库区，为保护这

图2-4　芮城永乐宫三清殿元代《朝元图》局部

一珍贵的历史文化遗产，1957年经国务院批准，决定将其整体搬迁到20公里外芮城县城北的龙泉村，这也成为迄今人类历史上整体文物遗址成功迁移的典范和奇迹。

永乐宫被偶然发现和它经历整体搬迁所获得的重生，有着历史的必然逻辑，更有着新中国曙光映照中时代托举的奇迹般的幸运。那是新中国成立初期百业待举、百废待兴、奋发图强的伟大时代，那是一个在百孔千疮的旧中国上自力更生、重整山河、艰苦奋斗的年代，那是一个由我们新中国自己培养的专业技术人员、美术院校的师生、普通的工人、当地的农民组成的"敢叫日月换新天"的团队，那是为画出社会主义最新最美的图画激情澎湃的永载史册的令人难以忘怀的岁月。

1958年8月确定永乐宫整体搬迁方案。1959—1965年在进行资料整理，壁画备份、复制、临摹到揭取，以及整体建筑搬迁、加固、复原等历时6年的过程中，新中国在国力贫弱、经济困难、财力紧张、技术短缺的重重困难下，以高度的文化自觉和历史责任感，以艰苦奋斗、科学严谨的态度和求实精神，用顽强的毅力和高超的智慧，谱写了一曲抢救国宝文物、拯救弘扬传统文化史诗般的辉煌颂歌，使永乐宫这一东方艺术瑰宝能以崭新的姿态获得新生，重放异彩。

历经700余年的古老的永乐宫，它所营构的道教宫观和绘制于其宫内三大殿中瑰丽恢宏的精美壁画，是新中国清澈的晨风，为它拂去了岁月风尘和人世沧桑，使它如同一颗精美绚丽的绝世明珠，重见天日、得以新生。也正是以这颗明珠的惊现作为一个历史性的起点，随后遍布山西境内的历代壁画上的神秘面纱被一层层揭秘，山西古代壁画作为山西历史文化的重要组成部分，引无数专家学者叹为观止、仰

图2-5　永乐宫于黄河岸边永乐镇原址原貌

图2-6 各大美术院校师生对永乐宫壁画进行备份临摹

图2-7 永乐宫整体拆迁现场

慕不已，也让世人由此深刻地认识了一个华美精彩的山西。

　　永乐宫是幸运的。这种幸运不仅是因为新中国的伟大时代改变了它的命运，而且还在于它开创了中国壁画整体搬迁成功的先河。同时，还给21世纪的我们，一份特殊的真正重视和保护我们民族珍贵文化遗产的启迪。

　　永乐宫是一颗惊艳的明珠。它是迄今为止发现的元代较为完整的、唯一的皇家规制的道教宫观。它对研究道教文化、道教人物及壁画的艺术成就有特殊价值。

　　永乐宫是一个经典的代表。永乐宫壁画是继唐、宋之后道教壁画艺术发展的最后一个高峰，并成为中国古代美术史上具有里程碑意义

图2-8　永乐宫新址全貌

的典型的"中原风格体系"的代表。

永乐宫更是一个华美的标志和象征。如果说，永乐宫这颗中华民族道教文化和绘画史上的明珠的重现，体现的是新中国对中华民族悠久灿烂的历史文化负有自觉的历史责任感并在继承和发扬的基础上充满着自信和觉醒，那么，新中国在改天换地、重塑山河的社会主义革命和建设时期，对永乐宫做整体古建的迁移的奇迹，更显示着这个伟大的民族对保护历史文化的自主、自立与自强。

永乐宫的整体搬迁作为整体文物遗址成功迁移的史诗般的传奇业绩一直被传为佳话并感召至今。

岁月如歌，江山依旧。黄河仍如"子在川上曰"所感叹的那样"不舍昼夜"地向东流去。然而当我们回望历经700余年的时代变迁而成为我们物质与精神自豪的古老的永乐宫时，我们没有理由不去感慨，古老的永乐宫，在新的伟大时代，以它旧貌展新颜所散发出的魅力持续保持着巨大的影响力，进而映射出山西古代壁画丰富多元的绚丽风采。它不仅仅是中国古代壁画艺术的一颗明珠，而且还是一座凝结着我们的过去、现在、未来的民族文化精神与灵魂的圣殿。

三、华美朝觐

无数人无数次前往永乐宫，似乎是一种不约而同所达成的共识，或又像是一个不谋而合而形成的群体的默契，但更多的是一次次带着某种接受洗礼的心境，并欲求获取真经的虔诚朝觐。于是，山西芮城永乐宫和它遗存的距今700余年的元代精品壁画，便成为当代中国美术、绘画、艺术界的从业者必至的一方艺术圣地。

山西芮城永乐宫精彩、华美、恢宏的元代壁画作为中国壁画艺术历史上的经典代表性作品，像

图2-9　20世纪70年代美术院校学生在永乐宫三清殿临摹壁画

块神奇的磁石，散发着巨大的磁场，吸引着无数艺术家从四面八方汇集于此学习、研究、交流。当然，它更像是一颗夺目的明珠，透射出中国传统绘画艺术的智慧光辉，以穿越岁月的艺术魅力和审美风格，照亮、感染、震撼着到此朝觐的艺术家的心灵，启迪着他们的艺术灵感，激发着他们汲取优秀文化精华并在默化于心的传承中不断创新的创造力。

永乐宫精美的元代壁画，因整体迁移，为壁画做精确的临摹备份工作的是中央美院、中央美院华东分院的众多师生，这是整个工程众多环节中最为关键、最为重要的一环，在历经一年多的完整的复制临摹的过程中，不仅培养出一批新中国的壁画人才，而且还历史性地引

领新中国美术教育事业迈向一个前所未有的艺术境域。它的意义既体现出新中国美术事业对民族优秀文化遗产传承保护的责任感和历史使命感，又表现在对传统中国绘画技艺继承与发展的历史认知和具体实践中，形成了一种承前启后的示范效应，其影响至远至深。

正是基于这一经历和过程，它的意义和价值正如著名美术史论家、中央美院金维诺教授总结的那样："……永乐宫元代道教壁画的重新发现，使人们再一次对中国传统绘画的生命力有了进一步的了解。20世纪50年代当一部分人极力贬低中国人物画的表现力，认为宋、元文人画兴起以后，中国人物画日趋衰落，无法反映现实生活，必将退出历史舞台的时候，发现元代的宗教画不但这样宏伟，并且竟然能透过宗教的面纱，曲折地表现了现实人物和社会生活，不能不感到惊异，从而在美术界重新掀起了学习优秀传统绘画的热潮。永乐宫和敦煌石窟一样成为美术院校师生学习临摹古代壁画的一个中心，先后有中央美院、中央美院华东分院、鲁迅美术学院，甚至全国各地的美术工作者都来这里临摹、学习。永乐宫壁画对于促使人们全面地认识中国传统绘画，以及如何在创作上借鉴古代艺术经验有着深远的影响。也对国内外的美术史家探索山西壁画的艺术传统以及地方艺术流派的形成与发展起着重要作用。"[1]"山西保存了大量的古代寺观壁画，而唐、宋、金、元的壁画遗迹仍具有完整的发展体系，对于我们了解民间绘画的发展，特别是人物画的发展具有重要意义。而永乐宫则具有承前启后的作用，了解永乐宫壁画及其创作队伍，对于理解宋、元宗教画的发展及其成就，有其独特的作用。"[2]

永乐宫元代壁画的重新发现又带动着艺术家们由点而线、由线而面，经年不倦地对遗存于山西全境上千座古代寺、观、庙、宇、衙、祠及墓葬的古代壁画进行更广更深的发现、探寻，研究的视野不断扩展，亦为人们不断地发现山西、认识山西打开一个重要的新的窗口，并使人们对山西这方古代东方艺术博物馆发出某种由衷的感慨和真诚的敬重。

是的，这是历史岁月和这方山河土地的馈赠，就目前来说，山西历史文化积淀深厚，是全国地上文物遗存、国保单位最多的省份，并自豪地享有"华夏文明看山西""五千年文明看山西""地上文物看山西"等美誉。此外，就我们的调查而言，山西古代壁画无论在数量上还是质量上在全国都名列前茅，似乎还应该毫不夸张地骄傲地加上一句，那便是——千年彩壁看山西。

注释：
[1]金维诺：《永乐宫壁画与襄陵画师朱好古》，天津人民美术出版社，2007年版，第1页。
[2]同上。

第三章

生死幻境

一、生死之谜

人，生从何来、死归何处？何为生死、生死何物？这又何尝不是整个人类对自身存在的终极追问？事实上，在这追问之中最为本质的、最为深刻的、最为困惑的，不仅是对生，更应是对死亡之"谜与谜底"的追问。

死亡，是一个人们最不愿意提及，但却终究无法绕过的问题，是一个从原始时代到现在以至将来都依然是我们人类所面临的最大困惑和无法回避的终极事实。

从人类文明的发展和进步来看，对于死亡的认识和态度所形成的意识，无论是基于原始神话的、宗教的，还是哲学的，都随着人类不同的生存方式之下的自我意识的出现而产生，并随着人类思维的进化而发展演变，成为人类社会必不可少的一种文化观念。人类对死亡的主观认知不仅在原始文化中普遍存在，在较高的文化层次——宗教、艺术、哲学中也存在着，并以不同的形式表现出来。"从历史的起源看，所有的宗教都是起源于对死者的崇拜，也就是说，起源于对于不朽的崇拜"[1]。并且这种对死者和死亡的"崇拜"，都因试图在心理上为人们寻找到一个与人生现实相对的永恒世界，而更多地、更自然而深刻地与原始宗教、信仰文化传统观念中产生的鬼、神之间有着密切的关系。《礼记·祭义》曰："众生必死、死必归土，此之谓鬼。"汉王充《论衡·论死》曰："鬼者，归也；神者，荒而无形者也。"又如费尔巴哈所说："唯有人的坟墓才是神的发祥地。"故而人类对死亡的认知，不仅以神话、宗教、哲学、艺术的方式表现出来，而且还以最直接的实践行为表现出来，如丧葬的方式。不同的丧葬文化，无论在观念还是形式上都反映和透露着不同的文化传统、不同的时代特征、不同的族群文化心理，即生死观的理性和感性表达。

中国人生死观的传统意识，深深渗透丁中国文化深层心理中，体现为"重死实为重生"，或者说"生是为了死"，"死从来不是生存形式和生命活动的完全消失，只不过是一种变换了的生的方式存在"[2]。这些观念在我们所要讲到的山西北朝墓葬壁画中得到了诠释。

二、幽冥天堂

"厚葬是中国丧葬礼仪中最显著的特点。不同时代虽有不同的殉葬方式，但这一基本特色却始终未减"[3]。以汉代墓葬中的汉画像为例，它所体现的是把死人当活人对待，以为活人需要的，死人也需要。古人有"闵死独葬，魂孤无副，丘墓闭藏，谷物乏匮，故作偶人以侍尸柩，多藏食物，以歆精魂"[4]的观念和"重死不顾生，竭财以事神"的行为。事实上，所有这种理想图景的创造都是以现实生活为蓝本的。

当历史的车轮驶入魏晋南北朝这个中国历史上空前的大分裂、大融合、大转折、大变革时期，社会剧烈动荡，草原文化与中原传统的农耕文化之间不断发生冲突与融合。魏晋南北朝历经三百多年，朝代更迭频繁，中华大地一直深陷四分五裂的状态。面对着战火烽烟处处、世事人生无常的生存现实，"这种对生死存亡的重视、哀伤，对人生短促的感慨、喟叹，从建安直到晋宋，从中下层直到皇家贵族，在相当一段时间中和空间内弥漫开来，成为整个时代的典型音调"[5]，并演奏和变异出两种截然不同的旋律乐章，即对生死全然不同的两种态度：一种是，"对原来占统治地位的奴隶制意识形态——从经术到宿命，从鬼神迷信到道德节操的怀疑和否定基础上产生出来的……人对自己生命、意义、命运的重新发现、思索、把握和追求……有了内在人格的觉醒和追求……并企图在大自然的怀抱中去寻找人生的慰藉和哲理的安息"[6]，而放浪形骸，豁达人生；另一种是，"在表面看来，似乎是如此颓废、悲观、消极的感叹中，深藏着的恰恰是它的反面，是对人生、生命、命运、生活的强烈的欲求和留恋"[7]。于是，王公贵族们在历经种种"你方唱罢我登台"、成王败寇、沉沦起伏、生死无常的政治悲愤和人生悲叹中，在不断军阀混战、肆意互相厮杀、中原争雄称霸、王朝兴亡迅忽的背景下，在享受穷奢极欲的生活后，却又不得不无可奈何地在面对死亡、魂归于土时，对深埋于黄土之下的自己的墓室，竭力营造，希望将曾经生前拥有过的荣华富贵带入来生，并寄托着死后重生的炽烈的幻想……

　　如何对待死亡后的去向？人们意识到汉代那些成仙的事例只是未

见过的传说，四方神祇、羽化登仙等不过是虚幻的梦想。曹魏、西晋之后，人们对丧葬礼制进行了反复讨论和修订，在维系礼制的同时也顾及了人的情感因素，尽量使礼与情达到交融的状态，反映在墓葬图像中就是不再出现汉代那种庞大复杂的充满神化气息的虚幻场景，无论是北朝还是南朝，仪仗图均被王侯将相们选为主要内容。"仪仗作为礼制的标志，最能体现人的身份，这一基本的构成，逐渐具有程式化的特点"[8]。虽厚葬的行为和墓室的装饰在中国可以追溯至先秦，但是这种墓葬巨幅连续壁画样式的形成却是在北朝晚期，并有其鲜明的特点。因此，北朝的墓葬壁画作为北朝时期留存下来的一种特殊历史图像资料和绘画遗产，无疑是除敦煌壁画之外，我们拥有的又一批早期壁画珍品。北朝墓葬壁画，在中国古代壁画史中占有重要地位，也是构成山西古代壁画的三大精品之一。

山西是北朝时期各王朝霸业的龙兴之地和主要的政治、军事活动区域。北魏王朝于公元398年迁都平城（今大同），直到494年迁都洛阳，在大同建都长达97年；晋阳（今太原）也曾是北齐的陪都和后花园。北地各民族汇集，北朝后期，尔朱荣和高欢相继以晋阳为别都号令天下，之后半个世纪，晋阳权贵云集，由此晋阳自然成为一个政治、军事、文化圈，并形成了追求华美的文化氛围，这正是北朝的墓葬壁画艺术产生的独特的历史文化背景。古代没有照相技术，绘画是反映先民社会生活状况最好的形式之一，而墓葬壁画不仅体现了当时的丧葬习俗，还反映了墓主人生前的社会生活、身份地位等信息。

山西北朝时期主要壁画墓葬分布示意图

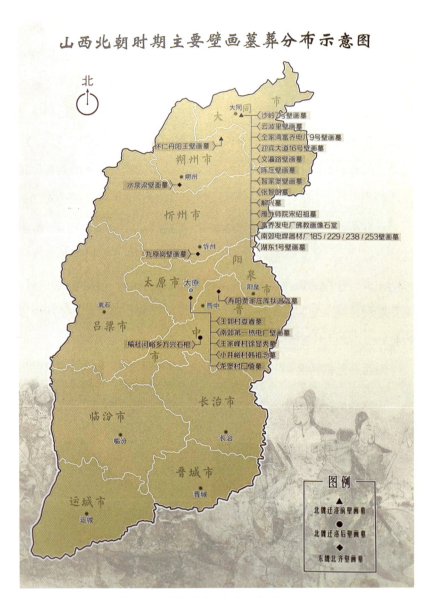

北

大同市

怀仁丹阳王壁画墓
朔州市
朔州
水泉梁壁画墓

忻州市

九原岗壁画墓
忻州

太原市　太原
离石

吕梁市
榆社河峪乡万兴石棺

阳泉

晋中
寿阳贾家庄库狄迴洛墓
王郭村娄睿墓
南郊第一热电厂壁画墓
王家峰村徐显秀墓
小井峪村韩祖念墓
龙堡村口憘墓

沙岭7号壁画墓
云波里壁画墓
全家湾富乔电厂9号壁画墓
迎宾大道16号壁画墓
文瀛路壁画墓
陈庄壁画墓
智家堡壁画墓
张智朗墓
解兴墓
雁北师院宋绍祖墓
富乔发电厂佛教画像石堂
南郊电焊器材厂185/229/238/253壁画墓
湖东1号壁画墓

长治市

临汾市
临汾

长治

晋城市
晋城

运城市
运城

图例
▲ 北魏迁洛前壁画墓
● 北魏迁洛后壁画墓
■ 东魏北齐壁画墓

图3-1　山西北朝时期主要墓葬壁画分布示意图

在山西发现的北朝墓葬壁画有着多种不同的载体和绘制表现形式，如石刻、漆画、砖雕等。在山西发现的20余处北朝时期的墓葬壁画中，具有代表性的有1979年发现的北齐娄睿墓壁画，2000年发现的北齐徐显秀墓壁画，2008年发现的朔州水泉梁北齐墓壁画，2013年发现的忻州九原岗北齐墓壁画，以及大同邢合姜墓、司马金龙墓屏风漆画等大小不等、形式多样的重要的壁画作品，均填补了北朝时期绘画艺术的空白。

北朝的王公贵族们来自草原，来自大漠，来自辽阔的北方，但他们的墓葬壁画已不是他们曾经熟悉的习俗。

北朝墓葬壁画承袭汉晋，起着既娱神又娱人的双重作用，"在墓葬中配上规模颇大的壁画，绘制了死者生前生活的情景，只希望死者进入冥世，延续生前的威风与奢华"[9]。因而"壁画内容主要由两部分组成，一部分是墓主人所在的社会生活环境，另一部分是当时的神话传说和宗教信仰。制作壁画的目的，就是使用绘画的艺术形式，力图将墓主人的生活状况、社会环境、古代神话信仰以及地位权势等方面表现出来，陪伴墓主到冥世"[10]，并由此成为艺术表现墓主人生死梦幻般的有意味的精神象征。

纵观这些墓葬壁画所表

图3-2　太原王家峰北齐徐显秀墓彩绘石刻墓室门

现的主题内容，"可以分为墓主人宴乐图、牛车鞍马出行图、露天宴乐图、狩猎图、武士图、伏羲女娲图、怪兽图、胡商图、农庄图、山水图、星象图、将士操练图、启门图、伎乐图、佛像图、飞天图、门吏图、四神图等，涉及北魏社会很多方面。其中，见于甬道的主要是天王图、伏羲女娲图、龙凤图和镇墓兽图，其余图多见于墓室"[11]，宴乐图多为墓主人于主位上独坐或夫妻并坐，前面通常陈列着酒食，两侧站立着侍者，"此类图习惯称之为'墓主人宴饮图'，绘制该图的目的，是为保留墓主肖像，显示墓主的地位和生活，具有纪念意义"[12]，类似于祭祀死者的牌位，也是其身份的象征。仪仗图、出行图、狩猎图等，则大多表现了死者生前的累累战功和赫赫权威。其他如天王图、伏羲女娲图、龙凤图、佛像图、星象图、四神图、怪兽图，相当于他们已得道升天、位入神仙之列。武士图、启门图、伎乐图、门吏图等则相当于他们还有着众多的护卫、随从和奴仆。

时光逝去，生命消亡。曾经纵马驰骋征战、仗剑天涯、称雄为王的王侯将相已不复存在，但他们墓室的穹顶仍然瑞兽齐翔、星光闪耀；曾经跃马挥鞭、万丈豪情、慷慨悲歌的生活已烟消云散、化为乌有，但在这冥世，他们仍仪仗列阵、威仪烈烈；曾经的枭雄贵胄、将相王侯的人世风光，已化作悲逝的旧梦，永远地沉没于历史岁月和泥土的深处。但他们仍希望在地下也享有护卫、随从、奴仆的忠诚与侍奉；曾经美酒宴乐、极乐人世、醉生梦死的人间胜境，在这里却又幻化成笙歌不息、人神共处、异灵飞舞、祥瑞环绕的仙界天堂。古人是

图3-3　太原王郭村北齐娄睿墓墓室门侍卫图1

图3-4　太原王郭村北齐娄睿墓墓室门侍卫图2

相信逝去的生命将会在另一个世界继续存在的，但这是怎样的一个虽死犹生的永恒存在呢？

　　1979年至1981年，北齐娄睿墓壁画面世，中国古代美术史由此翻开新篇章。娄睿，北齐皇室外戚，即武明皇太后的内侄，生前为大将军、大司马，官至录尚书事，封始平县开国公，死后谥号为恭武王。入葬于武平元年，即公元570年，距今1400多年。娄睿墓壁画与作为2002年全国十大考古新发现之一的北齐徐显秀墓壁画，可称之为双璧

图3-5　1979年太原王郭村北齐娄睿墓壁画发掘现场

联袂。其巨幅连续壁画的样式、大致相同的内容与绘画表现形式，是南北朝时期中国绘画艺术的代表作，填补了中国美术史上北朝绘画的空白，其艺术成就承汉晋而启隋唐，将魏晋以来的中国墓葬壁画艺术提升到一个崭新的高度，也为接踵而至的隋唐壁画开了先河。

娄睿墓壁画共71幅，无榜题，总面积200.55平方米。内容分为两部分：一部分主要位于墓道、天井、甬道及墓室四壁下层，描绘墓主人生前奢华的生活场景；另一部分主要位于甬道、墓门及墓室中和上栏，表现其死后升仙的虚幻境界。壁画分若干小段，每段均前有导骑两人，后有群像一组，各段又相互呼应，以长卷式构图组成一幅反映人间生活、古代神话传说与儒道释合流一体的宏伟壮丽的画面。娄睿墓壁画中最具神采的便是《出行仪卫图》，浩浩阵列，烈烈军威，仪仗出行，胡角横吹，描绘了军士的骏马骑阵，该图位于墓道西壁中栏，手法写实，洋溢着生活气息。左为导骑二名，着白衫者，乘橘黄色马，扬鞭前行。穿红衫者，骑乘的枣红马昂首挺胸，有受惊吓之

图3-6　太原王郭村北齐娄睿墓壁画《出行仪卫图》

状，骑者躬身前倾，微露惊慌神色。两人袖边衣纹迎风飘扬，增强了画面的动势。随后的一组骑卫有八人三马，执旌旗仪仗。此乃北齐贵戚外出时的写照，画面构图紧凑，人物顾盼传神，艺术水平卓越。

娄睿墓壁画，整体布局合理，内容丰富，场面宏大，主从有序。出行、回归、门卫仪仗、日月星辰等内容，都以艺术长卷的形式展开，表现出墓主人生前生活的显赫场面，以及死后升天的空幻境界。

北齐这几处墓葬壁画都保留了后汉魏壁画单纯粗犷的风格，画面构图宏阔、形象生动、线条流畅遒劲，色彩鲜丽，晕染成熟。此外，壁画既融合了外来艺术成分，又显示出中国传统绘画单线勾勒、重彩晕染的表现特征，超凡卓绝，显然是出于当时绘画名家之手。绘画者的艺术手法展示出的创新风格，从艺术的角度佐证了当时各民族文化在此汇聚交融、塑造中华文明的辉煌历程。

记得有人说过，马是人类文明的使者。人类对马有着浓厚的感情，我们今天的日常用语有许多与马有关的，如"马上就到""工程

图3-7 太原王郭村北齐娄睿墓
壁画《出行仪卫图》局部

图3-8 太原王郭村北齐娄睿墓
壁画《出行仪卫图》局部

图3-9 太原王郭村北齐娄睿墓壁
画《出行仪卫图》局部"胡角横吹"

图3-10 太原王郭村北齐娄睿墓
壁画《出行仪卫图》中的人物具有明显
的北方胡人的形象特点

项目上马""老马识途""策马扬鞭""马到成功"等。早在汉代，
汉武帝的茂陵就有纪念霍去病的"马踏匈奴"的石雕像镇守陪伴。
唐太宗李世民至死都记得他骑过的六匹战马，即"拳毛䯄""什伐
赤""白蹄乌""特勒骠""青骓""飒露紫"，并令工艺家阎立德
和画家阎立本，将这六匹马用浮雕刻绘出置于陵前永恒陪伴，这是一
种怎样的对功勋卓著的战马的依恋情怀。

北齐统治阶层是来自北方的草原民族，战马是他们最亲密的伙伴和战友。娄睿墓壁画中所表现的200余匹马的形象，无一重复，动态多样，用线流畅，技艺已达到前所未有的高度，可以看出此壁画当出自熟悉北方戎马生活的宫廷画师之手，且是画家成熟期的创作，具有高度的艺术价值，同时它也是一个重要的历史时代的见证。

娄睿墓壁画技艺精湛，涉猎事物浩繁，是衡量北齐绘画发展水准，研究北齐音乐、服饰、内廷、丧葬等礼仪制度的重要例证，亦是北朝中原地区壁画艺术的卓越代表。壁画承续着顾恺之"以形写神"的艺术传统，沿袭汉魏壁画单纯、粗犷的风格，线条洗练遒劲，注重表现仪卫人物的神采和动态；晕染法运用得相当纯熟，以淡红晕染，突出凹凸明暗的立体效果，具有体积和空间感。此外，壁画还融合了外来艺术成分，丰富了民族传统绘画的表现技法，也体现了单线勾勒、重彩填染、淡彩渲染的中国传统绘画特点。同时延续了汉代墓室壁画、汉代帛画所流行的天上、人间、地下的表现程式，布局和内容又受当时盛行的寺观壁画的影响，包含着南北朝晚期佛教思想因素。

娄睿墓壁画技艺的精湛和成就，正如我国著名绘画大师吴作人教授所评价的："北齐东安王娄睿墓的发

图3-11　太原王郭村北齐娄睿墓壁画
《出行仪卫图》局部

掘，使千百年来徒凭籍志、臆见梗概的北齐绘画，陆见天日，使中国绘画史，犹长河万里，源流更汇支派，空缺得以证实……至于壁画之工拙，揆其简练肯定，运笔收纵，承两晋而启隋唐。"这种用线简洁而形体周圆的人物画已在北齐时期的壁画和传为北齐宫廷画家杨子华的作品中可以见到，是北齐时期流行的画法。据史籍记载，北齐绘画成就颇高，名家辈出，曾影响隋及初唐的绘画艺术。杨子华的绘画被称之为"简易标美，多不可减，少不可逾"，属于北朝后期新出现的"疏体"风格。因此，据推测这些壁画有可能出自"画圣"杨子华之手。从娄睿家族的显贵地位看，墓主人作为当时的贵戚，很多专家认为，他完全有可能、有条件、有机会、有能力将著名宫廷画家杨子华聘请到墓室作画或作为主持。

可与之媲美的是描绘墓主夫妇宴饮和出行的盛大场景的北齐徐显秀墓壁画。徐显秀，北齐政权的太尉太保尚书令，被封为武安王。

名颖，恒州忠义郡（今河北北部）人。北齐武平二年（571）卒于晋阳城并葬于城东王家峰。徐显秀墓墓室西壁的《鞍马仪仗图》是墓主准

图3-12　太原王家峰北齐徐显秀墓之墓主徐显秀夫妇

图3—13　太原王家峰北齐徐显秀墓之《鞍马仪仗图》局部

备出行的画面。这幅画以青罗伞盖下的枣红骏马为中心，前面是三旒旗手、佩剑武士，后面有羽葆执事、捧官印者以及其他随从人员，前呼后拥，威风十足。枣红马身躯高大、精神健俊、昂首挺立、神气飞扬，后蹄抬起、动感凸现，画手不凡的绘画技艺令人惊叹。

如果说马是人类最亲密的伙伴和战友，那么牛便应该是人类最忠诚的挚友和仆从，它同样是人类文明的使徒。北魏文明太后冯太后于太和九年（485），进行重大改革，颁布了均田令，其中规定把牛的头数也作为人口授给土地，可见牛的地位在当时非同一般。徐显秀墓墓室东壁《牛车侍卫图》是墓主夫人出行的场面。画面中，前面为几个三旒旗手，羽葆华盖之下，是一辆卷棚顶牛车，豪华富丽。旁边一名胡仆前后张望，车后是一群贴身侍女，静候老夫人上车。最引人注目的是驾车之牛，它既非我们现在见到的草原上放牧

图3-14
太原王家峰北齐徐显秀墓之《牛车侍卫图》局部1

图3-15
太原王家峰北齐徐显秀墓之《牛车侍卫图》局部2

的肉牛，亦非饲养的奶牛和南方的水牛，而与中原地区的大黄牛极为相似，体型雄健，形态剽悍，昂首奋蹄，动感强烈，气韵神态似欲破壁而出。牛耕田拉车、性情温和、沉稳而耐力超群，是王公豪门身价的象征，再配以豪华的车轿，更是当年北朝豪门贵族融入中原生活的体现。

　　与娄睿墓壁画在表现上异曲同工的是徐显秀墓的壁画人物在造型

上用笔简洁准确，注意表现物象的整体轮廓和结构动势，加上富有变化的色彩晕染手法，使人物形象有了立体感，简洁的线条与渐变的色彩相互作用，人物的形体特征得到强调。面部造

图3-16　太原王家峰北齐徐显秀墓墓室壁画中的仪卫随从形象

型上略微拉长的椭圆形面孔有着北方少数民族的形象特征，显得极富个性，更突出了人物造型的风格化。所画人物面部有明显的晕染画法，即在眼窝、嘴角、颈项等部位以橘黄色作退晕的晕染，深浅浓淡随结构转折而略有变化，并注意到在表现男女不同的肤色时则有颜色深浅的区别，丰富而统一。这种染低不染高的画法和反映出来的色彩观念并不是中原的绘画传统和画法，显然带有西域画法的特征。

以绘画而言，东魏北齐时曾流行一种传自于中亚或者印度的绘画，其画法与中国传统的绘画有所不同，是对流行于西域的画法引进吸收并加以融汇，这就是唐宋人称之为北齐"简易标美"的新画风，是和南朝萧梁宫廷画家张僧繇创造的"疏体"彼此呼应却不相同的北派风格。这一点恰恰是娄睿墓壁画和徐显秀墓壁画在绘画艺术表现上最令人关注和值得研究的风格特色。

娄睿和徐显秀，均属北齐的王公贵戚。高贵的身份、巨大的墓葬，自然有条件绘制如此宏大宛如天堂般的墓室壁画。

另外，2008年发现的朔州水泉梁墓壁画，为北齐后期壁画，其内容和表现形式与徐显秀墓类同。墓主身份尚不明确，据推测，墓主人当为镇守朔州的军政长官，其墓葬也是一座包括夫妇宴饮图、鞍马仪仗图、牛车出行图的北齐王侯级墓葬。

该墓室中央的《夫妇宴饮图》墓主人夫妇北壁端坐于帷帐中的床榻之上，同时绘有屏风和侍从等辅助性图像，使得墓室如同宫廷或官署。女主人上身正直，梳飞鸟髻，脸形丰腴，一字短粗眉，她两眼正视前方，神情肃穆。男主人梳着圆形发髻，头戴纱冠，身披着黑色大衣，面部、颈部及肩部画面残损，左袖垂膝。两人面前有十数种美食佳肴盛放在高足豆和平底盘中，两侧及帷帐外为男女侍从和伎乐。

可以想象的是，这些墓主人生前或许曾同事共主，皆属臣僚，其

图3-17　朔州水泉梁墓北齐壁画《夫妇宴饮图》

图3-18　朔州水泉梁墓北齐壁画燕乐笙伎

间或同志砥砺，或不相为谋，或相互攻讦，但终了是同样生如梦幻，同样"人归为鬼"，同样凋零入泥。大约是身份略低于前二位，其墓室规制内容虽相近，壁画的表现想象力丰富，但朔州水泉梁墓壁画画技稍逊。

与北齐娄睿墓、徐显秀墓等表现内容与形式有所不同的是，水泉梁墓壁画从另一个角度体现了死者生前的梦想期待，死后为鬼、成神、化仙的祈望寄托且另具特点。即朔州水泉梁墓北齐壁画神话传说的成分更为突出且显得浪漫。墓顶壁画自上而下分为三部分。墓顶绘天象图，穹隆顶平涂深灰色表示苍穹，银河从西南向东北斜贯，河中绘细密的鱼鳞状水波纹，银河两侧有稀疏的白色圆点代表星星。穹隆顶东部绘太阳，中间有赤乌形象，西部绘月亮，中间有月兔捣药和蟾

图3-19 朔州水泉梁墓北齐壁画十二生肖形象之虎、猴、兔、鸡

蜍形象。天象图下四周为四神图，东西南北四方分别勾绘青龙、白虎、朱雀、玄武，四神之间绘神兽，四神与神兽之间的空白处以墨线勾绘大朵流云，云头以赭红色略加晕染。

穹隆顶四神图下一周为十二时图，绘有代表十二时的十二生肖形象，北壁正中为鼠，更多地显示出了传统中国神话的意味和气氛。

此外，该墓东壁有《鞍马仪仗图》，画面中心是一匹高大的淡红色骏马，马头微垂，鬃毛浓密，头下系有硕大的缨子，马背上鞍鞯俱全。前方为六人仪仗队伍。第一人和第二人手持长矛；第三人双手捧唾盂，正回望骏马；第四人右手持羽扇；第五人右臂微屈，左手牵骏马缰绳。骏马侧后方另有侍从二人，这二人身后空白处绘有两组远景骑兵马队，均为六人、六马和五面三旒旗。整幅壁画表现侍从、马匹等从南向北徐徐行进。

图3-20　朔州水泉梁墓北齐壁画《鞍马仪仗图》局部

图3-21　朔州水泉梁墓墓室北齐壁画《牛车出行图》局部

西壁有《牛车出行图》，画面中一南行的黑色牛车，车厢前部为直棂窗，后部垂有黑色车帘。车辕内为一头健硕的黄牛，牛车两侧各有一黑发虬髯的胡人形象驭手。两人头部相向，正互相合力控制黄牛。牛车后是五位梳着飞鸟髻的侍女。牛头以上空白处绘一组五人仪仗马队，举四面三旒旗，马匹相互交错，仪卫做前后回首交谈状。

或是地位身份的不同，或是人的性情有异使然，在同一时期北齐忻州九原岗大型墓壁画中的内容，少了那种将相王侯威仪的招摇展示，呈现出旷远的、浪漫的狩猎场景和神秘的、奇异的弥漫着异灵怪兽腾云驾雾、奔飞曼舞的浓郁神话氛围，画面中有仙人骑龙驾鹤、神人呼风唤雨、凡人与神鬼共舞的奇异缥缈场景，似乎是从另一个角度和层次去憧憬和期待永恒不死。墓室也变成了一个具有神奇想象力的流转变幻、神秘莫测、超自然的奇异天堂。

忻州九原岗北朝大型墓墓道东西两壁第一层的仙灵图画，最令观者目眩神迷，因而很容易联想到东汉王延寿《鲁灵光殿赋》所谓"图画天地，品类群生，杂物奇怪，山神海灵"。这里包含天、地、人三大主题，在这个框架里，"天"也成为时而是敬畏时而是依赖的人间秩序。依此三大主题设计格局的宫廷画大约很早就形成图式，并且长期沿用下来，沿用过程中，更以文献与图像相辅相成和相互渗透，从而使得图式愈益丰富和完善。

鲁迅先生在《中国小说史略》中讲道："天神地祇人鬼，古者虽若有辨，而人鬼亦得为神祇，人神渗杂，则原始信仰无由蜕尽。"由此可见，人、鬼、神、仙的形成，其本质是人类原始信仰中灵魂观念所致。这种观念包含着人类远古的关于生命与生死认知等多种信息。

忻州九原岗北朝墓葬壁画的《狩猎图》独具特色，长卷式的《狩猎图》，在中国考古界非常罕见。壁画的画风、画中人物的形象都体现了草原民族的特点，也说明忻州古时是多民族共处的重要地区。

毫不夸张地说，当你站在长达几十米长、一人多高的十数组忻州九原岗北朝墓壁画之《狩猎图》前时，你会惊叹不已，惊叹于那宏大的构图、动态的人物、紧张的氛围，那墓壁上斑驳飞舞的流云般的长线，动感强烈且充满张力的人物与环境错综变幻的场景，还有对驰骋的马的细节描绘，如鼓起的腮帮、嘶叫的唇口、勒紧的辔头等……似有萧萧之声盈耳。矫健奔逃的鹿和兔、惊恐躲避的小熊，以及奔突挣

图3-22 忻州九原岗北朝长卷式墓葬壁画局部

扎的畏兽，两臂曲张，肌肉紧绷而怒张，都通过单纯的几组线条予以
生动地表现，把一个个活生生的形象还原于你的面前，恍惚间会把你
直接带入1500年前那个雄强张扬的历史气场之中！那是张僧繇、曹仲
达、杨子华名噪一世的时代，是"画龙点睛""曹衣出水"之笔于
"壁上嘶鸣"的时代，飞云苍茫、长风烈烈，这是一个虽处乱世却是
激情澎湃、离天神造物主最近的一代精英们用被天神垂青的笔尖挥写
出一个艺术史上的巅峰时刻……

这正是许多考古专家和壁画学者对该壁画的视觉震撼力和形象生
动的表现力所共有的感慨和发自内心由衷的赞叹与高度评价。

九原岗北朝墓葬因墓志被盗墓主身份难以确定。该墓甬道及墓室
四壁的壁画几乎全部被盗揭或破坏，只有墓室顶部星象图得以保留，

图3-23　忻州九原岗北朝墓葬壁画《狩猎图》

图3-24　忻州九原岗北朝墓葬壁画《狩猎图》局部1

图3-25　忻州九原岗北朝墓葬壁画《狩猎图》局部2

而墓道东、西、北三壁及墓室顶部残存壁画，总面积就达到200余平方米。

九原岗北朝壁画墓对研究北朝晚期社会生活、绘画艺术及中国古代建筑史有着非同寻常的意义，此壁画虽非北朝绘画的最高水平，但它是非常难得的北朝绘画资料，反映了北朝晚期绘画的特点，例如长卷式，以山和树来分隔人物。壁画中的神怪形象，是研究中国古代神话和古人精神世界的宝贵材料。

九原岗残存墓葬壁画内涵丰富，是研究北朝社会文化、生活和军事的珍贵资料，尤其是该墓葬壁画中的《狩猎图》保存完好，是中国目前现存面积最大的墓葬狩猎图壁画，具有独特的学术文化价值。

忻州九原岗墓葬壁画《升天图》为整体壁画构成中规模体量最大的一件。《升天图》作为另一主题鲜明的叙事整体出现，是"以中国传统的神话故事为框架结构：既有象征墓主夫妇飞升的'仙人骑龙''仙女骑鹤（天鹅）'和'仙女骑鱼'，又有'风伯''雨师'开道。陪随墓主人升天的神怪大军中，又以《山海经》神怪为主要职司。成熟而生动的《山海经》神怪图像，使得《升天图》的艺术感染力倍增"[13]。《升天图》的艺术构思和表现，把魏晋时期多民族大融合中不同的文化因子引进融入汉族信仰中，外来宗教（佛教、祆教、景教、摩尼教）在引入交流中，使人们心中依稀朦胧的"天堂"逐渐融合取代了秦汉的"仙境"。并使绘画的表现从斧凿石刻到笔墨挥

图3-26 忻州九原岗北朝墓葬壁画《升天图》局部1

图3-27 忻州九原岗北朝墓葬壁画《升天图》局部2

写、从造型到色彩、从整体布局到细节描绘,让飞升神界、得道升天的幻想化作了具象的图景境界,诡异而神奇,其中有50多位各色神怪以及"畏兽"皆以拟人化手法描绘,是整个壁画中绘画水平最高的一部分,被认为是东魏、北齐美术绘画的巅峰之作。这些真切的早于大唐100年的绘画技艺和画作原貌,让人们切身感受到了韩干、吴道子、张萱,乃至宋代李公麟笔墨造型和中国式审美的真昧与魅力,实属难得一见。然而,它更具意味的,还是启发了学术界对久已失传的古老的《山海经》研究探索的高度关注，产生了一方面"尽可能地逐步修复《山海经图》的传承之链；另一方面，寻找与《山海经》同时代的形象视觉数据，追溯有图有文的《山海经》的原貌"[14]，"从源头上追寻《山海经》古图像，以期续接《山海经图》的传承"[15]的特殊现实意义。

九原岗墓葬壁画"图画天地，品类群生"——手持尘尾飞步在云端的羽人，骑鹤驰骋的女仙，驭龙而行的神仙，又有西壁的仙人骑鱼，或即《列仙传》中的神圣。凡此种种，俱可属之于"图以云气，画彩仙灵"。东壁长发飘萧手持鼓风袋狂奔于云间的风伯，西壁凸睛露齿持槌击连鼓的雷公，又有流云腾涌中一个赤身露体的骑龙者，右手倒持一瓶，瓶内水流下注，自是"雨师泛洒"，此则"天官景从"[16]也。

其中"仙人骑龙"画面上一仙人装束的男子，骑于一鹿头独角马蹄凤尾的龙背之上，其衣带飘飞、神态自若，被专家认为是墓主人的灵魂在飞升仙境途中的写照。

"仙女骑鹤"画面中，一位仙人装束的贵妇，其形貌雍容雅致、螺髻并立、衣袂飘举，被专家认为是墓主人之妻，端坐于一只浑身雪白、尾羽翘卷的硕大天鹅状神鸟之背，与对面男子相携飞升云间。

所画《列仙传》诸神怪有：

"驳"：出土于《升天图》西壁。它肩生飞翼，口衔幼

77

图3-28 "仙人骑龙"

图3-29 "仙女骑鹤"

图3-30 "驳"

图3-31 "疆良"

虎，奔跑姿态矫健优雅。《山海经》说它"其状如马，其音如鼓，其名曰'驳'，专食虎豹，可以御兵"。古人认为，它的出现意味着息弥刀兵，制止战争。

"疆良"：出土于《升天图》东壁。一头人形半蹲怪兽，血盆大口，正吞食一条斑点蛇，蛇身后半挣扎半缠绕在怪兽的右臂之上。《山海经》说："大荒之中，有山名曰北极天柜，海水北注焉。……又有神衔蛇操蛇，其状虎首人身，四蹄长肘，名曰疆良。"

"风伯"：出土于《升天图》东壁。是一裸体神人，仅着"丁字裤"，长发后飘，右手攥一口袋，向前狂奔。《山海经·大荒北经》说，蚩尤作兵伐黄帝，请风伯雨师，纵大风雨。据资料记载，善于奔走开路的"风伯"（亦称飞廉）是中国神话主要神祇之一。

图3-32　"风伯"

"雨师"：出土于《升天图》西壁。画面是一兽身蛇尾的怪龙，龙额头有一角，鼻头又生一角，口衔瑞草，臀有火焰宝珠；龙背蹲踞一赤身鬼面神人，双手捧一水瓶于龙首之上。

图3-33　"雨师"

"雷公"：出土于《升天图》西壁。雷公之名出自《楚辞》，亦称雷师，《山海经》称雷神，"龙身而人头，鼓其腹"。画面中雷神奔跑中一手引连鼓，一手持椎击。[17]

图3-34　"雷公"

忻州九原岗北朝墓葬壁画最重要的内容是《升天图》。白日飞升，羽化升天，成道登仙，这是道家的理想，但也是人类相信灵魂不灭的共有神话信仰。然而天是什么？何为天界？在九原岗的《升天图》中，所谓的天界仙人，不过是回归于他们驰骋过的山林原野、他们曾听说过但不一定信奉的不老的神话情境，当然有他们念念不忘甚至舍不得丢弃的在世间曾拥有过的奢华生活。把这一切都揉进了自己的想象并搬入了深深的黄土之下，以期永恒不死，永远存在。

该墓葬壁画中所绘《门楼图》（长3.2米，高3.5米）极富特点和亮点，是北朝时期建筑图像的一幅珍品。画面中，宫门正脊上方是莲花座上一个尺寸颇巨的博山炉，莲座两边一对高高探出的枝叶和结着莲蓬的花朵，又有莲座花瓣之间低低举起的一对莲叶，莲叶上托着香宝子。这是从佛教艺术中移植来的表现形式，除此之外，分别安排在一对凤凰脚边的两棵树，也是佛教艺术中"庄严道树"的式样。宫阙以凤凰为饰，则是汉代以来一直沿用的做法，班固《西都赋》有"设璧门之凤阙，上觚棱而栖金爵"，李善注引《三辅故事》曰"建章宫阙上有铜凤皇，然金爵则铜凤也"。壁画中屋脊两侧的凤凰却是以夸饰之笔涂染金刚怒目之容，钩喙长舌，更以体量之巨而见护佑之威仪。

岁月人生梦，成败兴亡事。一顶顶王冠落地，一代代王者陨落，一座座墓冢尘封。显赫的威名淡出了历史的舞台，辉煌不再。王者的霸业逝灭在岁月的风尘里，形影飘散。只有当年一代枭雄、开创北齐王朝的高欢曾命大将斛律金高吟的那首著名的《敕勒歌》：

"敕勒川，阴山下，天似穹庐，笼盖四野。天苍苍，野茫茫，风吹草低见牛羊"苍凉的歌声，合着无言的壁画成为传颂久远的名篇，流传人间……

图3-35　忻州九原岗北朝墓葬壁画《门楼图》

图3-36　忻州九原岗北朝墓葬壁画《门楼图》局部

此外，在谈到山西北朝墓葬壁画艺术时，绝对不能忽略的是1965年出土于山西大同石家寨北魏琅琊康王司马金龙夫妇墓的北魏《列女传》漆画屏风。屏风的每块屏板，通长82厘米，宽40厘米，厚约2.5厘米。屏风之间由榫卯连接，是墓室屏板的一部分，采用渲染和铁线勾描的手法，板面涂朱漆地，用黑漆勾线条，色彩非常浓艳。正背面均绘有非常精彩的漆画。

画中以娴熟的绘画技法，描绘了十几幅丰富多彩的历史人物故事并辅以大量的题记，生动地反映了当时的宫廷女性生活，以及统治者"需要以儒家的礼、乐、法度来化民，需要依靠深受儒家思想影响的汉族士人的知识、经验来治国安邦"[18]的社会意识形态。该屏风体量

图3-37　大同北魏司马金龙夫妇墓《列女传》漆画屏风

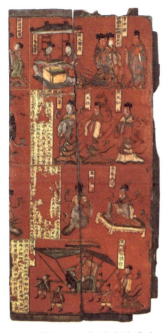

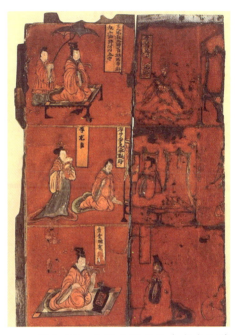

图3-38　大同北魏司马
金龙夫妇墓《列女传》漆画
屏风（正面）

图3-39　大同北魏司马金龙夫妇墓
《列女传》漆画屏风（背面）

图3-40　大同北魏司马金龙夫妇墓《列
女传》漆画屏风（正面）局部

图3-41　大同北魏司
马金龙夫妇墓《列女传》
漆画屏风（背面）局部

虽小，但其历史和艺术价值颇高，在北朝绘画和书法史上弥足珍贵。

其中正面表现内容均为古代著名女子的故事，例如有娥皇、女英、周太姜、周太任、周太似、班婕妤，是西汉刘向所作《列女传》中的人物故事，而背面内容则多取材于《孝子传》。

从绘画技法与风格来看，既有北齐"简易标美"的画风与南朝萧梁宫廷画家张僧繇创造的"疏体"画风彼此呼应，更多的则可看出与南朝东晋著名画家顾恺之的人物画的画风极为相近、一脉相承，是南北朝时期难得的重要画迹。

从彩漆工艺来看，继承了战国、东汉漆画的传统。漆画上的大片题记、文字，似隶非隶，似楷非楷，是少见的北魏墨迹。木版漆画的出土，对研究北魏前期的绘画风格，进而探讨整个魏晋时期的中国绘画成就都有独到的价值，同时为研究南北朝时期的髹漆工艺提供了可贵的实物资料，漆画中的人物褒衣博带，襦袍曳地，极富装饰性。这一绘画成就，除技法纯熟外，裨益于对描漆与髹漆工艺的熟稔掌握，在战国绘画的基础上发扬光大，色彩更富丽堂皇，不失为南北朝时期的一件代表作，并且它是中国美术史上的一次重要发现，弥足珍贵。

它的绘画风格、技法、设色富有强烈的时代特征，采用了细劲的游丝铁线描，笔触干净利落，流畅准确，概无滞涩漆或修润的痕迹，线描勾绘，得心应手，一挥而就，使墓漆画在汉代单勾线和大笔平涂的基础上前进了一大步。人物形象生动逼真，栩栩如生，从姿态中表露出身份和远近纵深的空间关系。构图上采用了突出主题、中心人物大于陪衬人物的手法，色彩协调沉稳，赋色浓重艳丽。宽阔的袖口、飘举的衣带、低垂的衣摆，表现出人物仪态宛然、雍容华贵的气质。无论从人物服饰质地的优劣，还是从人物的高低远近和不同比例的构

图3-42　南朝顾恺之《女史箴图》局部

图，都能区别人物身份的尊卑贵贱。人物晤对通神，渲染浓淡适宜，尤擅以衣纹的转折流畅程度来增强人物的活力和立体感，特别是鱼尾状裙摆垂地后拖衬托以轻拂的裙带，这一垂一拂的处理，陡增人物飘逸灵动之神韵，其绘画风格已颇近似于顾恺之的《女史箴图》。正如《历代名画记》所云，如"春蚕吐丝""吴带当风"的画风和意境，上承汉代之遗风，下开隋唐之先河。

　　通过此漆画，我们可亲睹1500多年前，古人那流畅自如的线条勾绘、绚丽多彩的设色渲染，是如何使笔下的人物个性昭然、气韵生动，取得了浑然天成的艺术效果。它也填补了这一时期漆器研究的空白。

　　据墓志铭和《魏书》记载，司马金龙系晋宣帝司马懿弟太常馗之

九世孙，其父司马楚之于泰常四年（419）降魏，因功高深得太武帝之赏识而封爵。司马金龙"后袭爵。拜侍中、镇西大将军、开府、云中镇大将、朔州刺史。征为吏部尚书。太和八年（484）薨。赠大将军、司空公、冀州刺史，谥康王"[19]。司马金龙身为晋室后裔，虽事于北朝，但传统的汉文化乃其灵魂所系，这些从墓葬形制和随葬品中可体现出来。如青瓷唾盂、石砚台、漆食盒和木版漆画及其所画内容都说明从北魏太武帝时逐渐形成了要汉化的大气候。漆画所绘列女、孝子、高人、逸士等，既体现了墓主生前思想意识中对中国传统文化的崇尚，又说明在汉代时已盛行为维持社会秩序、巩固封建政权，将绘画艺术与儒家伦理观念密切结合，用圣君、忠臣、节妇、义士、孝子这些三纲五常的典范鉴戒子民，如记载所言"郡县乡里闻风景从"的内容，至魏晋南北朝仍在继续，可见南北朝虽远隔千里，而文化风尚却已趋于融合统一。

司马金龙墓漆画中有大量的题记，它以魏碑这种全新的书体在中国书法史上独树一帜。北魏建都平城近一个世纪，平城成为政治、经济、文化中心。文人云集京城，使书法与绘画艺术同样都达到了一定的境界，且书法较绘画更具成就。梁启超先生曰"绘画在北魏不能独立，书法在北魏可以独立，而且可以分初、盛、中、晚"。康有为也褒赞北朝书法有十大之美。

北魏平城这一阶段的书法又恰恰是北魏王朝正值鼎盛时期的书体和风格，它蕴藏着一种古拙朴茂、沉稳强劲的时代书风。司马金龙墓

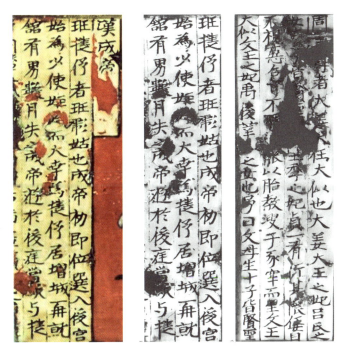

图3-43 大同北魏司马金龙夫妇墓《列女传》漆画屏风书法题记

漆画中大篇幅的文字更具观赏和研究价值。

　　司马金龙墓漆屏风正面第四幅图题记以一种与写经、简牍等墨迹不完全相同而接近碑版的形式，体现了碑志因书丹后刀刻泯掉的转折毫芒笔意，最能诠释书法的笔锋运势。其书法特点是隶意颇浓、点画方劲、蚕头雁尾、骨气峻健，其书法风格尤近《高贞碑》《曹望禧造像碑记》《元显俊墓志》等，是隶书向楷书过渡的典型书体，同时也证实了平城时期书法隶意多楷体面貌，迁洛阳后以楷体为主、隶楷辅之的书法发展轨迹。

司马金龙墓漆画屏风虽小，但其书画的情态构成，无疑鲜明地揭示出太和初叶北魏上层社会兼容汉地文化的风尚。这正是司马金龙墓出土文物提供给人们的一项最具核心价值的素材。

三、胡风东来

"北朝晚期，随着丝绸之路的繁盛，以经商和艺术著称的中亚粟特人，大举进入中原。在盛唐文明的前夜，粟特人新奇的宗教信仰和发达的音画艺术，对于重建久经战乱而凋零的中华文明，必然产生巨大的影响"[20]。也形成了这一时期中华文明以汉文化为主流，且与西域各民族交流的一个重要的历史图景。作为"1999年全国十大考古发现"和"20世纪一百项重大考古发现"的虞弘墓于1999年山西太原被

图3-44　忻州九原岗北朝墓葬壁画《胡骑东来》

图3-45 太原王郭村隋代虞弘墓石椁

发现，揭开了一个充满异域风情的冥世幻想秘境。这是一座墓主生长、生活于北朝晚期，葬于隋代开皇十二年（592），跨越了北朝和隋代早期历史的墓葬。它的发现，不但说明古晋阳曾是丝绸之路东段的重要城市，而且更是中国文明"多元一体、兼容并蓄、绵延不断"的重要例证。

虞弘本人史书中未见记载，按照墓志所载，虞弘祖父奴栖为鱼国领民酋长，父君陀为茹茹国莫贺去汾达官，虞弘原为鱼国尉纥驎城人。依虞弘墓志所说，虞弘的祖先曾经"润光安息，辉临月支"，而

图3-46　虞弘墓石椁浮雕之《酿制葡萄酒》

鱼国有可能是春秋时期晋献公"假虞攻虢"的虞国。虞舜时期从山西平陆一带迁徙到西域并最早与"安息"和"月支"往来频繁。北魏时，鱼国可能已向东发展，且与北魏有了关系，至晚在虞君陀时，鱼国又成了柔然的附庸国，一度在北魏和柔然的交叉势力范围之内。

虞弘的父亲君陀任茹茹国（柔然）莫贺（官职）去汾（至北齐）达官（任职），而他十三岁时（546）任茹茹国莫贺弗，出使波斯、吐谷浑等国，回茹茹国后任莫缘，又出使北齐，北齐"弗令返国"，留在了中原。他先后在北齐任轻车将军、使持节、都督凉州诸军事、凉州刺史、假仪同三司、游击将军等。北周授使持节、仪同大将军、广兴县开国伯，邑六百户，兼领乡团，检校萨保府。隋转仪同三司敕领左帐内镇押并部。卒于隋开皇十二年（592），终年59岁。

一个外国人，不远千里来到华夏中国，不仅经商有成，而且还做了北齐政府任命的"检校萨保府"（"萨保"，原是粟特胡人商队首领的称呼），即政教兼理的蕃客的大首领，可见其身份地位非同一般，而且也可见北朝晚期中外文化交融之深入与广泛。虞弘"兼领并、代、介三州乡团，检校萨保府"之职，就是方便他从乡团与萨保府两方面来对大量的粟特人进行管理。

虞弘墓是一个由墓道、甬道、墓门、墓室几部分组成的砖砌单室墓。葬具是一个房型汉白玉石椁，石椁外观呈三开间、歇山顶式殿堂建筑，由底座、中部墙板和屋顶三大部分组成。石椁内外，或雕或绘大小图案54个，色彩缤纷，显示出浓厚的波斯、中亚文化，特别是粟特文化色彩，内容有宴饮图、乐舞图、射猎图、家居图、出行图等，图中服饰器皿、动物花卉，完全是域外风物。

图中人物皆深目高鼻，或留短发，或梳突厥式长发、波斯式长发，人种与地中海地区的印度地中海种族类群接近。石堂雕绘图像主要部分由九块石板围成，每块有一大一小两幅图案，皆为浮雕加彩绘。这组浮雕是该石堂图像中最为重要最为精彩的，也是一卷系列的历史风情画卷。石堂门两侧的两幅浮雕画面朝外，其余七块浮雕画面朝内。每幅既是独立的画面，又有一定的内在联系，倾诉着鲜为人知的宗教神话故事和粟特人对生死和冥世设想的观念。

以石椁浮雕之《酿制葡萄酒》《晏饮乐舞图》为例，《酿制葡萄

图3-47　虞弘墓石椁浮雕之《晏饮乐舞图》

酒》的浮雕中，图中把葡萄全部采摘回来，放在一个大的容器里边，这些容器有圆形的、方形的、犄角形，也有长方形的，好多人在容器上边跳舞。

《晏饮乐舞图》在虞弘墓正壁，中间这块面积最大，内容也最丰富。虞弘墓画面里的房子是毡帐，屋内有榻。这幅画的中心人物是墓主人夫妻，他们前面有侍者和舞者。

一个男性舞者正在一个圆毡上跳着舞，他跳的是胡腾舞。旁边摆了个硕大的酒壶。他把葡萄酒杯一扔，开始跳舞，东一下西一下，好像是醉态，实际上是在保持很好的舞蹈节奏，平衡感很好。

胡腾舞有跳、跃、踏等各种动作，该壁画表现的舞蹈形式至少说明至隋朝这种胡人舞蹈已经在中国流传。

此外，在石板中间的朝外部分，各用白底墨线画了一个侍者，五男二女，或跪或立，有的端盘，有的捧杯，有的徒手恭谨站立。最具特色的是居于石椁椁底座正壁图案中的火坛。火坛图案是一个束腰形祭坛，中心柱较细，底座和火盆较大，祭坛上部呈三层仰莲形，上雕熊熊火焰。在其左右两旁，各有一个人首鹰身的祭司相对而立，祭司穿红色圆领半臂衫，肩披带端为葡萄叶形的长帔。腰系一软带，软带垂地，带端也为葡萄叶形状。黑色长发呈波浪形披在头后，深目高鼻，须髯浓密。祭司下半部为鹰身。两人上身倾向火坛，两手戴手

图3-48　虞弘墓石椁浮雕之《拜火图》

套，一手捂嘴，一手伸出，抬着火坛一侧，实际上这是两个象征半神半人的祭司。波斯萨珊王朝信奉的是琐罗亚斯德教，崇拜太阳、光明与火，其中最崇拜圣火，圣火祭坛是其重要的标志，也是典型的祆教礼仪的象征。

"太原古称晋阳或并州。三面环山，南面为平原，汾河水贯穿整个城市。这里既有农桑耕织之利，又有天险可以凭仗。向西与灵州相通，向南可达长安和洛阳，向北通漠北突厥，而向东则可到达河北道重镇恒州和幽州。自东汉后期起，太原就是北方游牧民族和中原汉族交往融合之地，也是通过丝绸之路与东西方进行物质和文化交流的中心之一。"[21]

"北朝晚期，太原作为中国北方的政治中心，更是吸引了大批的外来民族，以虞弘为代表的粟特人，是中亚的一个以善于经商闻名于世的古老民族。从魏晋南北朝开始，大批粟特人顺着丝绸之路向东迁徙，进入中原，他们在重要的城镇上留居，在当地入仕、经商或侨居，形成一个个聚落，这些聚落的首领就是萨保。虞弘就是这些不计其数的外来民族中具有代表性的一分子。数百年间，并州的粟特人相当活跃，有许多粟特人生于斯，长于斯，老于斯，葬于斯，一个个地地道道的来华外国人长眠在了晋阳。从虞弘的葬式来看，本民族的传统文化元素是主流，但又吸收了部分汉文化的内容。在某种程度可以说，在墓葬文化诸元素中，汉文化元素依然占据大部分。虞弘墓是一个多元文化相融合的考古实例。而墓志中两处挖补修改，则体现了这一文化交流与融合者的心路历程。他们的到来，给我们带来了不同的文化因素，为古老的中华民族注入了新的血液，丰富了中华文化的内涵，也为中华民族融合的高峰时期唐朝奏响了前奏曲"[22]。在此背景下，北朝壁画以其独有的时代特色和超然画风，卓然而出，凸显着独有的地域时代特色。它们犹如一幅幅时代的生动画卷，穿越千年为世人传递着来自北朝时期特有的民族交往的历史情景和信息密码，并由此开始了迈向辉煌大唐盛世的步伐。

注释：

[1]贝乌纳穆诺：《生命的悲剧意识》，花城出版社，2007年版，第13页。

[2]申清华：《神鬼世界与人类思维》，黄河文艺出版社，1990年版，第127页。

[3]申清华：《神鬼世界与人类思维》，黄河文艺出版社，1990年版，第128页。

[4]王充：《论衡》，国家图书馆出版社，2017年版，第280页。

[5][6][7]李泽厚：《美的历程》，天津社会科学院出版社，2000年版，第150页、第151页。

[8]齐东方：《生与死——墓葬壁画中的世界》，北京大学出版社，2017年版，第365页。

[9][10][11][12]张庆捷：《献给另一个世界的画作——北魏平城墓葬壁画》，北京大学出版社，2017年版，第82—84页。

[13][14][15][16][17]上海博物馆：《壁上观：细读山西古代壁画》，北京大学出版社，2017年版，第3页、第156页、第162页。

[18]张丽：《北魏司马金龙墓屏风漆画研究》，载《河南科技大学学报》（社会科学版），2020（4）。

[19]司马金龙墓志铭。

[20][21][22]冀俊美，陈雅彬：《一个异域风情的隋代墓葬：诉说鲜为人知的神话故事》，中新社，2022-12-20。

第四章

梵天道风

一、佛寺兴盛

"千里莺啼绿映红，水村山郭酒旗风。南朝四百八十寺，多少楼台烟雨中"。唐文宗大和七年（833）春，诗人杜牧奉幕主沈传师之命，由宣州经江宁往扬州拜访淮南节度使牛僧孺途中，极目远眺江南在朦胧的烟雨之中那红绿相映、莺歌燕舞的春色和隐现于缥缈之中依山临水的村庄、城郭，远近迎风招展的酒旗和香烟缭绕的深邃寺庙，以及历尽昔日沧桑仍矗立的亭台楼阁的影子，情不自禁地生发出一种咏史怀古、感叹兴亡、忧国忧民的情怀。

杜牧这首《江南春》中"南朝四百八十寺，多少楼台烟雨中"之句，"盖极言南朝寺庙之多，佛法之盛，帝王提倡佛教而造寺塔者之众"。本诗反映了魏晋时期南朝之后妃、公主兴造寺塔之风盛行，故南朝寺院林立，且以木构建筑居多，绝大部分佛寺皆在都城建康（今南京）的盛况，并叹惜历经战乱，迄今所存者又有几何，面对此情此景，怅然有感……

诗中所谓"南朝四百八十寺"不过是形容而已，其实，在当时与南朝相对峙的北朝，其佛教繁盛之势并不亚于南朝，甚或更盛。佛教东传，据《魏略·西戎传》记载，汉哀帝元寿元年（前2），西域大月氏使臣伊存来朝，在帝都向中国博士弟子景卢口授《浮屠经》。汤用彤教授认为这无可置疑是佛教初传中国的最早记载。佛寺的建立，始于东汉永平十一年（68）的洛阳白马寺。这是因为永平十年（67），二位印度高僧摄摩腾、竺法兰应邀和东汉使者一道，用白马驮载佛经、佛像同返国都洛阳。汉明帝见到佛经、佛像十分高兴，对二位高僧极为礼重，亲自予以接待，即令建寺并命名为白马寺，以弘法布教。洛阳白马寺是佛教传入中国后由政府建造的第一座佛教寺院。这里还诞生了第一部中文佛经和中文戒律，产生了第一个中国汉地僧人。它对中国佛教的传播和发展、对中外文化交流，有着重要的意义，在中国佛教史上具有特殊的地位，被尊为"释源"和"祖庭"。由此也开始了中国佛寺广泛兴建和佛画东传的历史。

佛教传入中土，首先在社会动荡的东晋十六国时期的北方广泛流行。山西地区作为北朝的政治、文化、军事中心区域，自南北朝时期便是中国佛教文化和道教文化发展的重要地区之一。据说北魏末年竟有寺院3万多所，僧尼200余万。到了北齐、北周并立的时期，佛教的势头更盛。北齐的高洋笃信佛教，为此还下令取缔道教，强迫道士剃度为僧。北周的奠基人宇文泰以及后来掌管朝政的宇文斛，也都是虔诚的佛教徒。当时的北周境内寺庙林立，佛像成群。佛寺内的壁画也应该不在少数，只是无资料记载罢了。这正说明当时的山西地区不仅佛教思想比较活跃，在传播和发展中国佛教方面做出了重大贡献，这主要体现在以山西人和当时在山西地区出家的几位最著名的佛教高僧如法显、慧远、昙鸾等为杰出代表的历史贡献上。

其次，山西还是佛教文物、艺术的宝库，是全国佛教遗产最为丰富的地区之一。如五台山位居佛教四大圣地之首，玄中寺为中日净土宗摇篮，云冈石窟文化可与敦煌媲美，广胜寺稀世罕见的金版藏经《赵城金藏》为当今整理出版《大藏经》的主要底本，以及遍布全省各地的斑斓多姿的佛教建筑、雕刻、绘画等。这些均可证实，山西在中国佛教文化史上占有举足轻重的地位。在山西，历朝历代的各种类型的佛教寺庙林立，僧侣云集。据不完全统计，山西现有28027处古建筑，有700多个寺庙宫观，其中寺观壁画达8000多平方米。现存最早的佛教寺庙壁画，以五台山佛光寺东大殿的唐代壁画，以及现存的6处全国仅有的五代及宋辽金时期的壁画为代表。它们分布于平顺大云院弥陀殿、高平开化寺大雄宝殿、灵丘觉山寺塔、应县佛宫寺释迦塔、朔州崇福寺弥陀殿、繁峙岩山寺文殊殿等地，面积近千平方米，形成了以寺观庙宇为主体的山西古代壁画群。

同时，受佛教影响，唯一根植于本国、发源于本土古代文化的民族宗教的道教，以及道教各类宫观也采用了佛寺壁画这种艺术形式来装饰，且成为一大特色。宋元之际，道教全真派在黄河以北迅速发展，著名的芮城永乐宫三清殿壁画便是这一时期的代表作。当然，除去官方或正统的佛寺道观，其他一些民间庙宇中也多绘有壁画，其中汾阳圣母庙、新绛稷益庙、晋祠关帝庙、霍州娲皇宫等尤为精彩。明以后，三教合一，民间宗教的发展成为趋势。虽然文人水墨画兴起，寺观壁画艺术渐趋式微，画面构图与人物造型日渐程式化，工艺水平较之前亦大为逊色，但新绛稷益庙、稷山青龙寺、汾阳圣母庙和右玉宝宁寺的水陆画仍为继承了传统壁画艺术的精品之作。现据粗略统计，山西现存唐、五代壁画100余平方米，宋、辽、金壁画1000余平方米，元代壁画近2000平方米，明代壁画2400余平方米，清代壁画近3000平方米……山西寺观殿堂壁画、墓葬壁画类，总面积达27000余平方米，尤其是元代以前的古代壁画占全国寺观壁画遗存的90%以上。

经历了东汉初年、魏晋南北朝佛教的广泛传播，以佛教、道教为主流的宗教艺术在山西地区得到较大发展，在一定意义上是和山西地区的历史文化传统以及当时的社会政治、经济、文化背景有着深刻内在联系的。据第三次全国文物普查数据，以及山西省文物局网站的相关信息显示，截至2020年7月，山西不可移动文物达53875处，其中古建筑便有28027处，约占52%。山西古建筑又以木结构遗存最负盛名，尤其是元朝以前的木构建筑的数量冠绝全国。据统计，山西现有元代以前木结构古建筑遗存495座，约占全国580座的85%。其中，唐代建筑全国仅存4座，全部都在山西。山西古代寺观壁画因有着古建筑的依托和支撑得以保存，进而形成了有一定的影响力、有丰富的内容、有多样的形式、有鲜明的时代特征、有代表性的山西寺观壁画的巍巍大观。

二、宗教情怀

　　山西古代寺观壁画，其本质属于宗教艺术。那么什么是宗教？什么是宗教艺术？山西古代寺观殿堂壁画的宗教内涵和绘画艺术表现的关系是什么？这是我们应该给大家讲清楚的。

　　宗教和宗教信仰是人类社会发展到一定历史阶段出现的一种复杂的、历史悠久的社会文化现象，属于社会意识形态。马克思曾经指出："宗教是被压迫生灵的叹息，是无情世界的感情，正像它是没有精神的制度的精神一样，宗教是人民的鸦片。"[1]宗教和艺术是一定的经济基础、上层建筑、社会文化的产物，并具有相互影响、相互渗透，甚至合二为一的功能与作用，它们都是现实反映的结果，但结果不同。从整个的人类历史看，宗教与艺术的关系，以及宗教艺术的特点是：艺术反映现实的结果是现实世界，宗教对现实的反应结果是"大虚幻境"的精神幻象；艺术的方式与宗教的方式是最为接近的，但艺术的方式带有实物性，宗教的方式则带有虚幻性；艺术的方式是现实的实物性的反映，宗教是现实的虚幻性的反应；艺术的方式幻想和想象是"实象"，宗教的方式幻想和想象却是"幻象"。正如马克思所指出的："宗教把人的本质变成了幻想的现实性"[2]。艺术的方式幻想和想象的结果，是人的世界中的人的形象，而宗教的方式幻想与想象的结果如恩格斯所说的，是神仙世界中的"神的形象"。宗教和艺术都带有情感的特性，但宗教的方式带有恐惧、敬畏的特点，而艺术的方式则带有人的更为自由的多样性。恩格斯认为，宗教是"有感情的形式"，马克思则对这种"有感情的形式"在心理上有着更深刻的剖析：这种"有感情的形式"首先是对神的恐惧而产生敬畏，并在精神上感受到沉重的压力感后，使人们在恐惧、敬畏、虔诚、膜拜的感情中自觉不自觉地形成了崇拜的意识情怀。宗教和艺术同是对世界的认识，同是对人间力量的反映，然而却是完全颠倒了的认识和反映。

佛教在东汉末年至魏晋南北朝时期传入中国。那是一个长达300余年极其混乱的大动荡、大分裂，但又是极其开放的多民族文化大融合、中华民族精神大丰收的历史时期。当时的阶级矛盾、民族矛盾尖锐复杂，社会动荡，生产力下降，人民处于水深火热之中。痛苦、失意、无望、颓废是当时普遍的社会情绪。它所造成的对人生的痛苦和人的觉醒，无论从帝王将相到平民百姓都有寻找一种精神寄托的需求。一方面，佛教所指出的宇宙一切都是"缘起性空""苦集灭道""四谛""八正道"之说，讲"六道轮回""涅槃""业报"等观念，使人获得了超越有限生命的"死即为生"、超越世俗"死"的"来世回报"的观念认知。于是在悲痛恐惧和惶惑中寻找到了依托、寄怀于佛教而精神有所归值。在有"神"的"灵魂不灭"、佛的"二世轮回"及"成道"的说法中，在"生年不满百，常怀千岁忧"的悲慨后，找到了灵魂慰藉的镇静药。另一方面，佛经佛理，为知识、士大夫阶层，面对着宇宙本体以及生命意义的哲理性探求、理论思辨的形而上的需求困惑，提供了从佛教中观派中获得了异质性的思辨的广度、深度，内在的逻辑性、论述的系统性和周密性方面有了更为成熟的精神智慧的启发和形而上的文化的补充性建构，从而在丰富传统文化的理论与人生实践上给人们以精神的寄托和释放、皈依与解脱。从文化融合的意义上讲，南北朝时期（420—589）也正是本土的道教脱胎于道家的思想理论，从实践上进一步完善进步的时代，出现了众多的道教改革家、理论家，他们的活动对后世道教有重要意义。佛教作为一种外来宗教，不但没有被本土文化排斥，反而逐渐被融入其中，与儒、道一同成为中国社会的主流文化。

佛教对中国文化的影响，更是体现在方方面面：佛教对中国人的语言产生了很大的影响，很多词汇、概念都源自佛教，比如烦恼、利益、因缘、境界、实际、傲慢、执着、极乐、不可思议等词语。在文学艺术领域，佛教的影响更是不容忽视。即使在现实生活中，也有许多内容源自佛教，如盂兰盆会、腊八粥等民俗活动，就直接脱胎于佛教节日或纪念性活动。

当代著名的史学家范文澜曾说："在中国历史上，佛教和文化的关系如此之深，不懂佛学就不懂中国文化。"佛学是有着系统哲学化的宗教理论体系，而佛教也成为系统化的由佛陀、众佛、众菩萨、众罗汉以及众侍从等不同果位、法力功能组成的崇拜对象的组织或团体，他们高高在上各自以自己不同的法力教导着不同精神需求的僧众和善男信女们以虔诚的崇拜而渡化进入极乐世界。可以说佛教对于中国的茶道、音乐、艺术和生活各方面等影响巨大，正是在与中国文化的冲击融合中逐渐成长，最终与道家、儒家一道，共同构成了多元、互补的中国文化。

但是，佛教、道教的寺、观、宫、庙对寺观壁画中艺术的形成、发展和影响，对中国人最具吸引力、最具广泛的效应的是体现于佛教所说的"因果报应"的观念影响，它把中国传统思想中的命运主宰权从上天、鬼神手中夺回，交给每个人的"心"，引导人们积德行善，提倡通过念佛投生西方净土。佛教民间化的两个方面，一是诵经拜佛，一是地狱之说。前者与中国祀神传统接近，后者与鬼神信仰相似，因而佛教信仰的这两个方面都被接纳到中国民俗中来，成为社会生活不可缺少的部分。也因此人们普遍接受了被称为"平凡的智慧"的佛教中的精神传统。如佛陀所说，每一个人生来都有着圆满具足的让许多人看不见平凡的、自然的、人人本具的、居于彼岸的智慧。也就是说，每个人都有觉悟的能力，将沉睡、深藏的智慧唤醒。人只有觉悟智慧的法门，才能扫除人性的恶，并让人了悟何为"真正的永恒"，参透"五蕴"体验的真相，方能智慧觉醒。最终才能在这个浮华、喧嚣的世界中，使无向漂浮着的空虚的心灵有安放的宁静归处。这种信息符合中国人的宗教心理和传统文化习俗，古代信众在虔诚地对佛陀、众佛、众菩萨、众罗汉以及道教神仙的塑像或是讲经说法的法相、画像膜拜中寄托着他们对脱离人生苦海的美丽憧憬和愿望。寺观壁画也就此充分体现出了它的特殊功能和艺术表现力。

三、佛画东传

佛教，对中国绘画艺术，尤其是对寺观壁画产生了巨大而深远的影响，使中国绘画在绘画题材、审美理想、创作目的、创作理念及创作思维等方面发生了深刻的变化，为形成独具特色的中国绘画艺术理论和实践做出了不可低估的贡献。

佛教在两汉之际传入我国，在魏晋南北朝这样的非常时期，人们选择接纳外来佛教，不仅在意识形态方面融合了一套完整的说教，丰富了儒道哲学的文化底蕴，成为整个社会文化意识形态的基础，而且与中国人的茶道、花道、绘画、建筑乃至语言文化等紧密地结合在一起。中国绘画艺术就是在这样一个社会大背景下接受佛教思想及艺术的。但必须指出的是，中国绘画接受佛教思想及艺术并受其影响，主要是因为当时的历史现实使人们在思想上有接受佛教的客观需要，并不全是因为自身发展的局限性或衰落等因素而被迫接受。当时，中国已基本形成了以楚画为基础，以汉画的雄伟、深沉、浪漫为审美倾向的艺术雏形，在绘画艺术上的成就已相当卓越，充分显示了中华民族在艺术上的优秀资质。但从总体看，不可否认的是，中国绘画仍未脱去原始古拙的遗痕，还只是一种简单、直觉的对客观世界的描摹行为。直至佛教思想和佛教艺术传入中国，在其影响下经过分辨、选择、淘汰、消化、融合，才逐渐形成了独立于东西方的、成熟而独特的绘画艺术风格、艺术理论和艺术思维方式。

宗教的传播一方面需要寺观庙宇作为公共场所进行讲经说法从而使宗教得以传播，另一方面靠宗教艺术形象的崇拜与暗示作为宣传普及的氛围渲染。因此，宗教的传播必定带动宗教艺术的传播与发展，尤其是在寺观庙宇的壁画表现上，佛教的传入和流行推动了佛画和佛教雕塑等艺术在中国的广泛流行，对中国绘画产生了深远的影响，大大丰富了中国绘画的题材、内容、技法、创作思想和审美情趣等，并且造就了大批杰出的专职画家，极大地推动了中国绘画艺术的发展。在这个过程中很自然地为传统的绘画融进了新的内容、形式、技法和创作观念，事实上这不亚于是给秦汉以来中国的传统绘画注入了新鲜血液而成为一次美术史上的革命性变革，并使寺观壁画的创作与流行成为时尚，达到了一个新的高峰。

据史载，最早的佛画像是汉明帝时蔡愔从西域带来的优填王所画释迦倚像，明帝乃遣画工按照天竺释迦像范本绘制。之后，便有中国画家开始依据印度范本绘制佛画的记载。如"昔竺乾有康僧会者，初入吴，设像行道，时曹不兴见西国佛画仪范写之，故天下盛传曹也"[3]。文中提到的曹不兴是吴国的画家，也是最早接受西域佛画影响的画家。他先是临摹，按"西国佛画仪范写之"，进而创造出精工、细密的表现手法。与卫协同时共有"画圣"之誉的张墨、荀勖等也都十分重视人物精神特征的表现，谢赫评他们的画在艺术上重神韵，这正是由民间粗犷风格走向士大夫画家和宫廷画家精巧风格的开始，而这种嬗变也正是以魏晋南北朝佛画东传为其发端的。

北齐有曹仲达领风气之先。据说他佛像画得最妙，他画过许多佛陀、菩萨、罗汉像，所创造的"曹家样"更是画坛一格。"曹家样"究竟是一种什么风格的画呢？这是一种工笔重彩所应用的线条粗细一致、细劲有力、绵密流畅的技巧，把它用来画菩萨与佛像的衣饰，带有明显的外来文化的成分与特征。我们可从北朝的石窟造像中看到"曹家样"画法的某些特点："其势稠叠，衣服紧窄"，给人以薄衣贴体的美感，所以有"曹衣出水"之誉。世俗人物画方面则有卢思道、耶律明月、慕容绍宗等的画法和作品，亦各具风采。

而于此之际，在南朝梁武帝时略早于曹仲达的著名画家张僧繇，也是因学习已传入我国的西域风格"天竺遗法"而获有盛誉。据说他曾在一乘寺画凹凸花，其貌"朱及青绿所成，远望眼晕如凹凸，就视即平"，为当时画坛非常奇异之景，人们甚至因画而将一乘寺叫做"凹凸寺"。这一新画风和画法带动了整个绘画美学的发展。张僧繇的这种独特的画法，也被称为"张家样"。他是以其新的画法超越了顾（恺之）陆（探微）风格并开启隋唐画风的大家，还影响到唐代阎立本、吴道子飞动飘逸画风的形成。

隋唐以来的佛画、佛寺壁画造像的流行，更受唐初来自西域于阗国（今新疆和田一带）的大小尉迟佛像绘画的直接影响。尉迟父子带来的西域画风，极大地影响了唐一代的画家，唐画达到"焕烂而求备"的境地，其中有尉迟父子的巨大贡献。在唐代的著名画家中，尉迟乙僧以其杰出的绘画艺术成就，享誉朝野，得以与阎立本、吴道子、周昉等艺术巨匠齐名，跻身于"神品"的行列。

据张彦远《历代名画记》称，大小尉迟皆"善画外国及佛像"。张彦远《历代名画记》和段成式《酉阳杂俎》记载，尉迟乙僧本人先后在当时长安的一些著名的佛寺绘制过壁画。他以90多岁的高龄饱含激情地

图4-1　（传）尉迟乙僧所绘释迦牟尼佛像画轴

创作了以于阗王及王室成员来长安朝见唐天子为题材的《本国王及诸亲族》这幅歌颂各民族友好往来的历史大画。他的画被时人誉为"神品"，形成与以阎立本为代表的中原画风不同的西域画派。

西域画风主要的技法特点就是"铁线描加凹凸法"。状如"屈铁盘丝"的"铁线描"，是一种没有粗细变化、坚硬道劲有力的圆笔线条，由铁线描勾勒成形的衣纹线条常常稠叠下坠，有若"曹衣出水"。在设色上，尉迟乙僧长于印度艺术的晕染法。汤垕《画鉴》说他的设色"用色沉着，堆起绢素而不隐指"，是说他的画看上去是凸

出画面的，用手摸却是平的，且色调浓郁，富于立体感。

尉迟乙僧的绘画造诣达到了很高的艺术境界，很受当时及后世的重视。作为来自西域于阗国的少数民族艺术家，尉迟乙僧自幼深受多民族文化色彩的艺术感染与熏陶。到达长安后，他又不拘泥于本民族固有的绘画传统，学习、借鉴中原的绘画艺术技巧，转益多师，从而使自己的美术创作达到一种全新的境界，故而唐人将其推崇至与东晋大画家顾恺之、刘宋大画家陆探微齐名的高度。

尉迟乙僧作为西画东传的一个代表性人物，为中华民族古代文化的发展做出了重要贡献，推动了中西文化融合，由此也促进了寺观庙宇壁画展现出多彩图景，开启中华民族绘画史上光辉灿烂的又一页。

四、寺观风采

古木森森、古刹寂寥，当年的古寺早已香火清冷、荒凉破败、鸟雀无声、杳无人踪……1937年6月26日当梁思成、林徽因一行来到台怀镇西南的豆村大佛光寺时，眼前的景象与梁思成的想象反差之大，令他难以置信。他所要寻找考察的叫做"大佛光之寺"的庙宇，是偶然在法国汉学家保罗·伯希和（1878—1945）的作品和敦煌石窟实地拍摄的画册《敦煌石窟图录》61号洞中一幅唐代壁画《五台山图》中发现和注意到的。他辗转跋涉第四次前来山西考察，不想眼前的"大佛光之寺"竟是这般荒凉破败的情景……

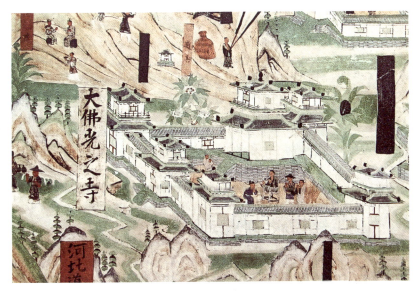

图4-2　敦煌石窟61号洞中《五台山图》

时值1937年，日本侵华步伐急剧加快，时局日益紧张。梁思成、林徽因夫妇凭借敦煌壁画中的《五台山图》指引，带着中国营造学社的助手，踏上了前往山西寻访唐代木构建筑的旅程，他们找到了沉寂深山之中创建于北魏孝文帝时期、重建于唐大中十一年（857）的佛光寺。这一发现不仅打破了一位名叫伊东忠太的日本建筑史学家"在中国境内已经没有唐代木构建筑"的断言，找到了有着"亚洲佛光"之称的我国现存形制等级最高、规模最大的唐朝建筑，而且还发现了现存东大殿内的唐代雕塑和天棚下拱眼壁上唐代壁画的遗存……在这一惊世发现的基础上，1974年，中国古代建筑专家柴泽俊等先生在东大殿研究壁画的时候，再次发现了多处唐代壁画，加上梁思成、罗

図4-3　五台山佛光寺东大殿唐代《西方佛会图》

众菩萨，上下排列达三四层，各像头戴花冠，身着长裳，胸佩璎珞，或拱手，或合十，或捧匣，或持蕊，各具特色。人物表情各异，有的恭谨虔诚，有的瞑目沉思，有的左顾右盼，有的凝神默祷，形形色色，逾越千载而神采依然。

図4-4　五台山佛光寺东大殿唐代《弥陀说法图》

《弥陀说法图》是盛唐壁画繁荣和典型风格的代表作品。画中人物形象丰满，线条流畅，画风朴实。图案分三幅布列，中幅弥陀佛善跏趺坐于莲台之上，胁侍菩萨左右侍立。左幅观世音菩萨居中，胁侍菩萨和护法金刚位于其侧。右幅大势至菩萨居中，胁侍菩萨相伴，金刚护持。图幅虽然不大，人物、流云、飞天各尽其妙，可惜年代久远，白色铅粉因氧化而皆变为铁青色。

哲文、孟繁兴等人此前的发现，佛光寺遗存的唐代壁画多达60余平方米。据柴泽俊介绍，全国寺庙当中保存下来的唐代壁画，全国仅此一例。因此，佛光寺为数不多的壁画，是我国绘画史上的重要一页，或者是当前保存下来最早的寺观壁画的实证。

图4-5　五台山佛光寺东大殿唐代
《天王镇妖图》局部1

图4-6　五台山佛光寺东大
殿唐代《天王镇妖图》局部2

　　如果说佛光寺壁画是山西古代寺观壁画中仅存的、最早的我国绘画史上的唐代壁画，那么建于五代后晋天福五年（940），位于山西省平顺县城西北26公里实会乡以北双峰山中的大云院，供奉阿弥陀佛的弥陀殿内东壁、北壁等少部分残存的壁画则是国内唯一仅存的五代佛寺壁画。

　　此壁画采用重彩画法，线条流畅并有变化。色彩艳丽，沥粉贴金（据推测大概是最早的沥粉贴金的壁画）。徐复观曾评价说："唐代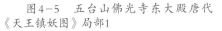成就，是以淡彩代替浓彩。淡彩在颜色上的意义，与水墨完全相同。"弥陀殿壁画也有重彩之上兼用晕染点缀的，线条呈现出粗细浓淡的变化，人物形象丰腴柔丽，表现出中晚唐流行的周昉画风（"周家样"），具有鲜明的代表性。这是迄今我国仅存的五代

113

图4-7 平顺大云院弥陀殿五代《观世音菩萨》

图4-8 平顺大云院弥陀殿五代《飞天图》局部

壁画，该壁画的绘制与表现手法唐风犹存，填补了唐代晚期至五代时期我国古代寺观壁画史上的空白，也从某种程度上标示着一个新的绘画时代的到来。

佛教自汉代传入中国，至隋唐时代达到鼎盛，其间，大体经历了佛教经典在中国大量传播、佛教文化与中国传统文化逐步融合，以及建立中国化的佛教宗派、完成体系这几个发展阶段后，逐渐趋于完备和成熟，深刻地影响了中国文化的走向。在这样的历史文化背景下，继隋唐五代之后，山西的寺观壁画在宋辽金时代已不仅限于佛造像的单一形式，以表现佛祖及其生平因缘事迹的"本生图"，佛祖、众佛及弟子、侍从宣讲佛法的"说法图"，以及阐释佛教教义教规、佛经思想内容的"经变图"等多种内容和形式的出现，丰富和扩展了寺观

图4-9　高平开化寺大雄宝殿宋代《观音菩萨法会经变图》

壁画的内涵、图式与视觉景观。其中全国仅存的、创建于北齐武平二年（571）、重建于宋代熙宁六年（1073）的高平开化寺大雄宝殿的

图4-10　高平开化寺大雄宝殿宋代《观音菩萨法会经变图》局部《乐舞图》

《观音菩萨法会经变图》，位于繁峙天岩村岩山寺文殊殿东西两壁的金代正隆三年（1158）的《释迦牟尼本生图》，以及建于金皇统三年（1143）、金天德二年（1150）赐额"崇福禅寺"、现为全国辽金三大佛寺之一的朔州崇福寺弥陀殿壁画，便是承袭晚唐及

宋代画风仅存的珍贵佳作。

佛教把佛经故事加以改编，配上音乐，边讲边唱，叫做"俗讲"或"变文"。把佛经故事画成图画，绘制在石窟、寺庙的墙上，就称为"经变"，亦称"变相"。佛教经变画在隋代已趋发展，至唐、宋极盛，并在大型经变画创作中展现出新的面貌，其中，表达释迦牟尼佛今世或过去世的事迹的绘画，称为"佛传图"或"本生图"。

创作于北宋绍圣三年（1096）的高平开化寺壁画，是目前国内唯一仅存的宋代寺观壁画的重要代表作品，其中国化、生活化、世俗化程度前所未有。壁画构图饱满严谨，线条流畅遒劲，有莼菜条之笔意并具"吴派风范"。设色艳丽，沥粉贴金[4]、红绿加金、金碧辉煌，画风细密，尤其是对女性的描绘精妙入微，表现出世俗之美，是典型的宋代画风和宋代壁画的代表作品。

山西古代壁画中被誉为三大精品的是北齐娄睿墓壁画、金代岩山寺文殊殿壁画、元代永乐宫三清殿壁画。其中后两者被誉为"南有永乐宫，北有岩山寺"，一佛一道是山西古代寺观壁画中最具经典代表性的绝世双璧。金代岩山寺文殊殿壁画堪称"墙壁上的《清明上河图》"，更是绝无仅有。这是我国著名壁画研究专家、工笔画大家潘絜兹教授对山西繁峙岩山寺壁画的高度赞誉。

岩山寺又称灵岩寺，原名灵岩院。相传在金代，有一位得道高僧在岩山寺院内为千人讲经，听者无不肃然，就连山上的石头也不断颔首，人们遂取岩山有灵之意，故又名灵岩寺。该寺始建年代不详，据

图4-11 繁峙岩山寺文殊殿金代壁画东壁局部1

考证约建于北宋年间，金正隆元年（1156）重建，其佛传故事壁画创作历时近十载，由"御前承应画匠"王逵主持创作，于金大定七年（1167）绘制完成。这是一组以佛教为题材，包罗着佛教故事、宫廷生活、市井风情、民俗生态等丰富内容的鸿篇巨制。其四壁空间既联系又独立的构思，人、景、物疏密有致的穿插组合表现，技法精湛高超、设色浑厚、透视精确的恢宏场面，人物各具形态、声情并茂的生活气息，不仅表现了内容丰富的宗教文化历史，同时也展示出一幅宋金时期生动精彩的社会生活画卷，更是一件在中国美术史上难得的集工笔画与青绿山水画为一体的"尽精微，致广大"的经典巨作。

　　岩山寺位于滹沱河河谷地带、五台山北坡，地处繁峙境内。宽广的河谷里，水草丰美，亦农亦牧，先民在这里繁衍生息。沿着这里通往五台山北坡河谷地带的众多古寺，是台外古寺群的重要组成部分。旧时，也曾是信众香客们朝拜五台山众佛的北部通道。这里是凡俗步入神圣的路径，是现实幻想憧憬升华至梵天圣界的皈依之途。但曾几何时它还是宋、辽时期的古战场。据《繁峙灵岩院水陆礼碑》载："……乃平昔用武争战地，暴骨郊原，沉魂滞魄，久幽泉壤，无所凭依，男观女睹，嗟泪垂弹，岂不伤哉！极感厚人，矜悯一方，相纠命工图像，凡绘水陆一会，故以斯缘，留意资拔……上助善题之因，下拔沉沦之苦……兹乃如来设教之根本也。"为了超度阵亡之士，立寺祀典，设水陆道场，借用佛法教义和因果报应之说度化世人。因此有专家认为，岩山寺壁画是最早的水陆画，而在此立寺建庙的背后却是

图4-12　繁峙岩山寺文殊殿金代壁画东壁局部2

一派哀痛的慈悲与善施……

　　有专家评价，如若将岩山寺墙上的壁画作为长卷画轴，将是一幅可与北宋张择端《清明上河图》相媲美的姊妹篇，无愧"墙壁上的《清明上河图》"之称。如果说，张择端的《清明上河图》是北宋现实社会世间百态、民俗风情真切入微的描绘，那么，岩山寺壁画所绘内容不仅包含了宋金年间世间百态、民俗风情现实的选择性表现，且融宗教与世俗、集天上与人间、汇真实与虚幻于一体，更具浪漫的、精妙的、富于想象力和表现力的图景创意，可谓运思超绝、匠心独运、多彩而丰富。

　　岩山寺文殊殿壁画布局以西壁、东壁为画面主体，以北壁、南壁为辅。我们将从三方面作简要介绍和分析。

西壁表现的是"佛本行故事"，亦可称"佛传故事"，即佛陀释迦牟尼一生的传记故事。画面从摩耶夫人梦象受胎始，描绘腋下诞生、太子沐浴、九龙灌顶、手指天地，至太子比武、骑马射箭、出游四门，到出行修道、独坐冥思，以及成佛说法、度化众生，最后涅槃、入殓、火化、舍利入塔等全部情节，并结合当时的自然风情、宫廷制度、建筑环境和社会风貌，将其主次有别、层次有序、远近分明地绘制于一壁之上。构思独特、画面宏阔、融情于境，实属罕见的大型佛传图景。它为研究我国佛教艺术、佛教史以及佛传故事的发展与演变提供了极为重要的资料。

东壁的内容，以"佛本生故事"和"经变故事"为主体，并附以对佛、菩萨、弟子仆从、力士金刚的描绘，与西壁形成呼应。所谓

图4-13　繁峙岩山寺文殊殿金代壁画西壁局部

图4-14　繁峙岩山寺文殊殿金代壁画鬼子母本生故事（水推磨坊）

"佛本生故事"是指佛祖及平生善行因缘事迹；"经变图"是以图像的方式阐释佛经内容、示意佛经思想的图画；其次还有描绘佛陀、众佛端坐宣讲佛法并有听法弟子相伴的"说法图"或"法会图"，表现着教义、教规、仪式、法事的形式与场景。此一画面内容当属约定俗成，可贵之处在于画面的表现力。寺观壁画属于宗教艺术，但画家将神秘的宗教内容用现实社会生活的面貌和世俗风情的情节来描绘，不仅使画面具有细致入微的生动性与亲和感，而且把冰冷的宗教世俗化、生活化、艺术化，使其具有了审美的特殊魅力。

特别需要指出的是，岩山寺壁画中大量建筑图形几乎占据近半的壁画面积。从宫廷建筑的楼台殿阁、亭榭曲廊到城郭街景的勾栏瓦舍，以及普通民居棚舍草屋、檐门窗牖，尽其所有，尽收画中，使我们不仅对宋金两代宫廷建筑、城乡规模制度以及社会生活建筑特点有了感性的认识，而且把传统界画的画法与表现力发挥到令人惊叹的水准，成为后世的一个经典标本。岩山寺壁画艺术，其风格的高超生动、人物的传神达意、表现的细腻生动、界画的工整不苟、境界的宏大精微，

图4-15 繁峙岩山寺文殊殿金代壁画佛传故事（酒楼市井）

不仅是山西寺观壁画中一个经典的代表，而且还是我国宋、金壁画中唯一遗存的辉煌艺术瑰宝。

朔州，自古以来被视为是边塞苦寒之地，从魏晋南北朝以来接着宋、辽、金时期更是群雄并起、杀伐动荡的征战之地，在山西历史上曾有过豪情激越的慷慨悲歌，也更使得这里的世代生民对"碛里人耕好田上""飞挽小儿歌太平"的现世近况，对蒙受诸佛护佑、憧憬来世能够往生佛国净土怀有着特殊的虔诚和深切的愿景。佛教中的所谓净土，就是指清净国土、庄严刹土，也就是清净功德所在的庄严的处所；是诸佛菩萨为度化众生，在因地发广大本愿力所成就者。这是西

图4-16　朔州崇福寺弥陀殿金代壁画"西方三圣"

方极乐世界。据《无量寿经》和《阿弥陀经》称，这个世界以黄金铺
地，天上飘着美丽的花朵；这里的众生有非凡的智慧，住在鲜花绿水
环绕的宫殿内；这里没有人间的苦恼和艰辛，人人都是幸福的……
朔州崇福寺便应是崇福的象征，是进入那佛国净土的入口和门径。

　　朔州崇福寺是全国现存辽金时期的三大佛寺之一，为鄱阳古
刹，曾名林衙寺，金天德二年（1150）金朝海陵王完颜亮赐额"崇
福禅寺"。现院落五进，自山门向北，依次为一进金刚殿，二进钟
楼、鼓楼、千佛阁，三进文殊殿、地藏殿、大雄殿，四进弥陀殿以
及五进观音殿。寺内弥陀殿、观音殿为金建，山门为清建，其余为
明建。弥陀殿为寺内主殿，建于金皇统三年（1143），由开国侯翟
昭度负责施工。殿宇正檐下悬挂的"弥陀殿"竖匾为金大定二十四

年（1184）原物。崇福寺弥陀殿供奉的是阿弥陀佛，殿内佛坛上塑巨像三尊，中间为弥陀佛，盘曲坐于高大的佛坛之上。两侧塑左胁侍观音菩萨和右胁侍大势至菩萨，佛学上称之为"西方三圣"，而围绕"西方三圣"的金代壁画，就是一组承袭晚唐画风的佳作。崇福寺弥陀殿金代壁画既是山西寺观的珍贵遗存，也是国内现存辽金时期代表性的壁画精品。

壁画分布于殿内四周，除后壁有部分损坏外，大多保存完好。画面高3.75米，长约60米，保存完好者约345平方米。十躯高大佛像结跌而坐，端庄慈祥。整个壁画庄重宏伟，气势夺人，画工精细，设色以朱红、石绿为主，色彩绚丽，壁画与佛像交相辉映，使大殿更加金碧辉煌。

东西两壁各画三组"说法图"（其中一组残缺），形式大同小异，都是佛坐中间，二菩萨侍立两旁，上画飞天。高大的佛像结跏趺坐在莲花座上，作说法印，面容端庄慈祥，眼神微微下视，佛像顶天立地，巨大的气势摄人心魄，人物造型大气，颇具唐代遗风。佛和菩萨身后皆有火焰形背光，其中东、西山墙各有"说法图"，主佛的头部两侧各有佛坛两团，团内前后五躯，两侧十身，面向主佛结跏趺坐，作拱手合十状，饰螺旋髻，披朱色袈裟，似在听佛讲经说法。

崇福寺壁画中的金代菩萨造型形式多样，尤具功力。主像两侧的菩萨头戴花冠，精致富丽，服装饰物华美精致，飘带缠于膝下，手中或持莲花，或拿经卷，或捧宝瓶，或舞飘带，神情娴静自然，装饰华

图4-17　朔州崇福寺弥陀殿金代壁画"西方三圣"局部

丽，唐风犹存。尤其是画有胡须的菩萨，尚存唐代造像的风格，尤为古朴。菩萨是大乘佛教中出现的重要神祇，在梵语中全称"菩提萨垂"，意译为"觉有情"，还译为"开士""圣士""大士"等，所以一般人常称菩萨为"大士"。在古印度，以男为尊的思想使得佛教神祇基本以男性面孔出现，东晋以前，我国的菩萨造像受外来佛像的影响，也几乎都是有胡须的男性面孔。

在早期的佛教艺术中，菩萨包括观音菩萨在内，都具有女性的仪态——衣饰华丽，装饰繁缛，含情脉脉，婀娜多姿。佛教自东汉时期从印度传入中国，不断与中国本土文化融会贯通，特别是到了唐代，"菩萨的形象与装束基本定型，大致是面作女相"。据《曼殊师利经》记载，菩萨具有定、慧二德，主慧德者，名毗俱胝，为男性；主定德者，名求多罗，作女形。菩萨现身男女是根据情况而定的。在菩萨造像女性化的这个过程中，中国佛教艺术

图4-18 朔州崇福寺弥陀殿金代壁画"西方三圣"之左右协侍菩萨局部

逐渐形成了适应性、世俗性、调和性、简易性的特点，一方面是中国社会政治、经济、文化传统、意识形态多方面作用的结果，另一方面也是佛教能够在中国传播并扎根的条件所在。但我们也必须看到，菩萨是中性的，超自然的，不管其怎样似女像，其上身都做扁平形，也有的为那些极富女性的菩萨画上两撇翠绿色胡子。我们又不能不承认他是男性。形象和神态的这种矛盾，却在菩萨的中性说下得到统一，形成了既符合佛教要求，又能满足众人要求的和谐美的审美效果。

佛的世界是一个按照不同"果位"划分的等级有别、组织有序、层次不同的梵天世界。佛教中有"三世佛"一说，如果按照时间来区分，代表过去、现在和未来的三尊佛叫竖三世佛，分别是过去佛、现在佛和未来佛。释迦牟尼佛在中间是现在佛，左侧为过去佛（燃灯佛），右侧为未来佛，即弥勒佛。竖三世佛是从时间上体现佛的传承关系，表示佛法永存，世代不息。如果按照空间来区分，代表西方、中间、东方三个不同世界的佛为横三世佛。在横三世佛中，中间的释迦牟尼佛是我们这个世界的教主，而西方的阿弥陀佛主管西方极乐世界，东方的药师佛主管东方净琉璃世界。现在佛也就是当下世界的教主释迦牟尼佛，而弥勒佛是释迦牟尼佛的继任者，他是未来世界的教主，也就是说未来佛就是弥勒佛。大雄宝殿供奉着三尊佛像，通称为"三世佛"。菩萨是佛的左右胁侍，是第二等的"果位"。"释迦佛"就是释迦牟尼，佛教的创始人，亦称佛祖、佛陀。释迦牟尼被佛教徒看作是娑婆世界的觉悟者，所以他的形象经常被供奉，是佛教艺术中最常见、被人们所熟悉的题材。"毗卢佛"就是毗卢遮那佛，汉译为大日如来，是佛教密宗至高无上的本尊，是密宗最高阶层的佛，为佛教密宗所尊奉的最高神明，为西方极乐世界之教主。"药师佛"又作药师如来、药师琉璃光王如来、大医王佛、医王善逝、十二愿王，为东方净琉璃世界之教主。释迦牟尼佛的左胁侍菩萨"妙吉祥"就是文殊菩萨，即文殊师利或曼殊室利，为佛教四大菩萨之首，代表聪明智慧，因德才超群，居菩萨之首，故称"法王子"。"除盖障菩萨"又名除一切盖障菩萨、降伏一切障碍菩萨、弃诸阴盖菩萨，佛教八大菩萨之一，密教胎藏界坛城（曼荼罗）除盖障院之主尊，密号为"离恼金刚"。

在崇福寺壁画中，最令人赞叹即艺术价值最高的是南壁的《千手千眼观音菩萨演法图》，该壁画高达4.68米，生动再现了观音菩萨演法时的壮观场面，是一幅典型的金代水陆画卷。观音菩萨面形圆润慈祥，除头部两侧有两面外，头上顶有五层佛头，形如花冠，顶层云气中托有一个莲台，观音菩萨头顶上多安坐化身佛。此处乃弥陀殿，画塑皆倡导净土教义，故观音菩萨头顶上特置弥陀佛一尊，以示西方极乐世界教主的灵应。胸前有六臂，拱于合掌，其下置一钵，钵覆莲瓣为基座，钵内画蛟龙一条，探头翘尾，曲曲蠕动，作飞腾状。腹前十八条臂膀，身后手臂更多，每只手心中各有一眼，而且手执各种法器，垒置起来有四五层之多，总计有九百余只眼，形成一个巨大的扇

图4-19　朔州崇福寺弥陀殿金代《千手千眼观音菩萨演法图》

图4-20　朔州崇福寺弥陀殿金代壁画之飞天

面，从不同的角度注视着古往今来的参拜者。千手千眼观音像手臂众多、极易混乱，但这尊像却绘制得井井有条。千手千眼观音也是密教造像中最流行最早出现的题材之一，早在唐初，西域的千手千眼观音就传到中原。千手表示遍护众生，千眼则表示遍观世间。从艺术上说，千手千眼、十八面等奇异形象显示了古人高超的想象能力，艺术家笔下的叠垒之头面、多姿之手臂既闪烁着宗教的神秘色彩，又给世人以浪漫的情调。

此壁画构图沿袭唐代疏阔开朗的雄浑气势，布局疏朗，主次分明。人物造型庄重慈祥，清逸娴静，场面壮阔，气势宏大，笔力劲健，线条勾勒均匀有力，疏密变化有致。色彩以红绿色调为主，色彩浓丽而庄重，整个壁画采用了色彩平涂、沥粉贴金的技法，绘制精细，使画面颇具立体感。尽管色彩对比强烈，但由于色域比例合理，使得整体色调比较统一和谐，只是面相、衣饰具有更多的金代特色。

壁画上方为飞天，翱翔于五彩祥云之间，或仰视前方，或倾首俯视，或侧身眺望，或转身呼应，且变化多端，又无一雷同，不愧是山西古代寺观壁画中一组承袭晚唐画风极其珍贵的精品佳作。

五、人神共舞

山西古代寺观壁画本质上属于中国古代的宗教艺术，主要是佛教文化和道教文化的艺术表现形式。佛教壁画和道教壁画是中国古代寺观壁画的重要组成部分。佛教在两汉之际传入我国，道教是东汉末年在中国本土形成发展起来的本土宗教。佛教壁画艺术先是在形式上依附于中国传统宗教中道教的神仙道术，随着寺院经济、势力的扩展，宗派的建立，体系的形成和佛教艺术的迅速发展，寺院、石窟相继沿丝绸之路向内地延伸，经魏晋南北朝，与中国传统文化进一步融合，本土道教也随之逐步建立了自身的图像体系，也开始形成派别，南北朝时期道教宫观已遍布各地，进而形成了中国道教特有的艺术面貌，并且有了一定的发展，影响遍及全国，至隋唐又逐渐走上了与儒学相融合的道路。

无论佛教还是道教，都不是起源于山西地区的宗教，但是，在中国古代，山西地区的佛教和道教文化异常繁荣兴盛，是中国佛教文化和道教文化发展的重要区域之一。在隋唐大一统的局面下，南北文化得到进一步的融合，与边远地区各民族丰富多彩的文化以及域外（印度、波斯等）文化进一步交流，孕育了更为灿烂的艺术成就。道教宫观壁画艺术在这样的前提和背景下获得了空前的发展，出现了多种宏伟的构图与样式，塑造了丰富感人的形象与境界，在元代大放异彩并波及明、清，促进了"三教合一"的水陆画大发展。著名的道教壁画，有三大道教祖庭之一的芮城永乐宫三清殿壁画《朝元图》，有著名的稷山青龙寺壁画、浑源永安寺壁画以及右玉宝宁寺水陆画等，构成了另一个天上人间、人鬼神共舞奇异多彩的世界。

关于道教，我们应当知道，中国的道教和道家并不是一回事。道家是春秋诸子百家中的一家，而道教是东汉末年才形成的。北魏王朝统治下的山西曾是北天师道的策源地和活动中心，对于道教在北方的传播起了有力的推动作用，山西的道教文化也在这时进入了第一个历史高峰期。部分道教的经典源自于佛经。道教是用中国文化去解释世界，而佛教，尤其是汉传佛教，则是以中国文化为主，魏晋之后又吸收了道家、道教之说，又以佛教的观念去解释道。因此道教也不是原来的道，汉传佛教也不是原来的佛，他们都是传统的中国文化和外来的佛教文化融合以后的产物，只是倾向不同。道教更倾向于我们的传统文化意识，而汉传佛教更倾向于佛的理念。一定的宗教思想，必然影响和发展出一定的精神气质，儒道互补为最终发展成为"三教合一"的中国文化奠定了基础。另外，因佛、道之别，中国古代寺和庙因性质的不同，是严格区分的。寺的原意是官署，《说文》云：寺"廷也"，指宫廷政府机构。"寺"最早的意思是官署，是官员办公的地方。"庙"则是奉祀祖先的地方，即祖庙，民间民俗信仰中的多神奉祀之所亦称之为"庙"。可以说，寺是外来佛教僧侣居住、诵经、宣讲、布法的活动场所，供奉的神是佛和菩萨，是人的偶像化；而庙是祭祀历代炎黄子孙的先祖、鬼神、亡灵，纪念国殇、忠孝功德人士，施行安魂祛邪水陆法会的场所。迷信的人供神的地方亦称庙，如龙王庙、土地庙。在封建社会，所谓有德有才的人也可立庙奉祀，如关帝庙、岳庙。二者形式、内容和目的不尽相同。道教祀神和做法事的处所，称作道宫或道观。道教活动场所主要称谓有宫、观、庙，还有院、殿、祠、堂、坛、馆、庵、阁、洞、府等称谓。道教宫观的建筑形式和布局与佛教寺院的建筑大体相仿，也采用中轴线、院落式布局，只是殿堂的名称与所供奉的神像不同而已。道观从山门开始，先后依次排列着龙虎殿或灵宫殿、三清殿或玉皇殿、四御殿、纯阳殿、重阳殿或老律堂。不同的名称有着级别、功能的不同以及与外来宗教信仰的区别。因此，我们所说的寺观壁画广而言之又可称为寺观殿堂壁画。

宗教是人们精神的一种寄托，也是在人们寻找精神依靠时所产生的。金元之交，直至南宋覆灭的数十年间，是中国大地铁骑纵横、战火纷飞、生民涂炭的苦难年代，道教全真教派正是在这种特定历史环境下产生的，这一时期也是全真教派的鼎盛时期。道教自南北朝寇谦之、陆修静改革、整顿后，历隋唐五代及宋的漫长岁月，尤其到北宋末年，已呈现颓势。以符箓派为主流的道教，支派争流，一些道流徇末遗本，流弊时现。在这种历史条件下，金代王重阳创立了全真道教。全真道教又称全真道和全真派，与正一道并为道教两大派别，主张儒、佛、道三教合一，即以"三教圆融、识心见性、独全其真"为宗旨，奉《道德经》《清静经》《孝经》《心经》《全真立教十五论》等为主要经典。王重阳以新的宗旨、修持方法对道教进行了大量的改革，进一步把老庄清静无为的思想贯彻到教义中。全真派兴盛一时。

鼎盛局面的积极推动者为丘处机。丘处机继承了师父王重阳所创全真道的宗旨，成为一代宗师。作为道教全真派领袖的丘处机在当时的声望极高，人们也将全真道视为自己的救星。道教全真派初传时期，遵行"以无为为主"的教旨，即注重个人修炼，而不注重发展教徒、营造宫观，组织规模和力量也比较小。自刘处玄于金大定二十五年（1185）、丘处机于金泰和三年（1203）相继掌教以后，始逐渐重视创立宫观和收徒活动。经过二三十年的发展，全真道组织已具有相当的规模，它在鲁、豫、秦、冀等地具备了相当深厚的组织基础。而真正转变的契机则是成吉思汗的召见。成吉思汗求贤若渴，于1219年第三次派遣近侍臣刘仲禄备轻骑素车、携带手诏请丘处机出山，演绎了自三国以来又一个帝王虔诚躬迎、礼贤下士的故事。成吉思汗不远千里三派朝臣请丘处机出山，丘处机终于被成吉思汗的诚意所打动。他审时度势决定西行拜见成吉思汗。1220年，丘处机不辞年届高龄，甘冒风沙大雪之苦，经历两年多的万里跋涉，终于在1222年到达西域大雪山（今阿富汗境内都库什山）成吉思汗的军营。成吉思汗对其到来慰勉有加，三次召见并作长谈。丘处机对成吉思汗所问为治之方及长生久视之道，皆作了仔细的回答，深得后者的礼敬，尊称其为"丘神仙"。丘处机多次在成吉思汗的大帐内与他单独长谈，耶律楚材做记录。耶律楚材的记录后被整理为《玄风庆会录》一书。

1224年，丘处机由西行返抵燕京，礼请住持大天长观（亦名太极宫，后改名长春宫），从此这里成为全真道活动的中心，"由是玄风大振，四方翕然，道俗景仰，学徒云集"。丘处机乃不失时机地着手全真道的大发展工作。全真弟子们大建宫观、广收门徒的活动，就以空前的规模开展起来，并使山西成为全真道三个主要传播地之一。我们所要讲述的著名的道教全真派三大祖庭之一的芮城永乐宫，也就在这样的背景下由其主要在山西传教的弟子、元初全真四大高道之一的"披云真人"宋德芳和潘德冲主持，开始了长达百余年的营建历程。

永乐宫，又名大纯阳万寿宫，始建于1247年，完成于1358年，前后历时110余年，几乎与元朝共始终，为传说道教人物吕洞宾祖地和修道之处，按皇家宫廷典制建造。纪念陕西户县道教全真派创始人王重阳的重阳宫、北京道教全真派一代宗师丘处机的白云观、道教全真派北五祖之一吕洞宾的山西芮城永乐宫，并称全真道教三大祖庭，其中永乐宫是我国现存形制规模最大、最为完整的元代道教建筑，也是现代遗存早期壁画较为完整的唯一道观。当然，它最负盛名的还是绘制于元代的精美绝世的道教壁画，尤其是三清殿（又称无极殿，是供太清、上清、玉清元始天尊的神堂，为永乐宫的主殿）的《朝元图》，不仅是山西寺观壁画最为精彩的三大精品之一，而且集中了唐、宋道

图4-21　芮城永乐宫三清殿（元）

教绘画精华所形成的鸿篇巨制，代表着中国古代壁画艺术的最高成就，并成为集大成的精华典范。

"……画手看前辈，吴生远擅场。森罗移地轴，妙绝动宫墙。五圣联龙衮，千官列雁行。冕旒俱秀发，旌旆尽飞扬……"这首出自唐代诗人杜甫的《冬日洛城北谒玄元皇帝庙》五言排律，是他于天宝八年（749）到东京谒玄元皇帝庙时所作的一首对玄元皇帝庙壁画及画家吴道子的画艺高超出众、技压群芳的赞叹之诗，其中的这八句描写情态生动，真切形象——壁上之画好像把大地万象逼真地移上了墙壁而满墙风动，画面上的五位圣帝龙袍相连，众大臣及仪仗随从旁列有序，就像排列成行的雁阵猎猎生风。顶顶礼冠秀美大方，君臣气宇轩昂，一面面的旌旗随风飘扬、气象恢宏。浩大的图阵、精湛的画艺使殿宇瑰丽辉煌……这是一代"诗圣"对"画圣"之作的赞叹，"画圣"之作我们已无迹可寻，但从这首诗的赞誉和评价中我们能感受到盛唐画坛的一代宗师、巨匠所绘壁画的精气神。这一风格也流传在永乐宫三清殿中，"吴带当风"的笔墨造型、惊天地泣鬼神的巨大气场，就是这一风格的体现。

关于道教《朝元图》最早可以上溯到吴道子的《五圣朝元图》。这是吴道子最有影响的道教图像，也是他唯一留存有后人临摹粉本的作品。永乐宫三清殿《朝元图》所表现的，正是文献所载的六天帝、二帝后率领众仙朝元的完整图像和宏伟盛大的仪式场景。它以高4.29米，全长94.68米，总面积达403.34平方米的巨幅画面，描绘了道教290余位天神地祇列队去朝拜道教谓之"三清"的最高神元始天尊、灵宝天尊、太上老君所组成的千官列雁行，"千楹曜目，万拱凝烟"的浩荡场面，宏伟的规模、周密的设计、精意的描绘，气象万千、气势逼人，诡怪之质倾泻笔端。

在画面构图和视觉表现形式上，壁画《朝元图》的空间构成赋复杂于单纯、寓变化于统一、集动于静，在整齐平面的布局中，层次分明、疏密有致、组合有序地把290余位神祇排列穿插描绘得神采飞扬、鲜活灵动——帝君的神情庄重肃穆；武将全身披甲，鬓发飞扬；玉女有的含情微笑，有的在对话，有的在沉思，也有的在凝神、在顾盼，形象各具特色。他们因各司其职而各秉其性并各具形态，又因其身份、角色、品性不同，在对形象的刻画与表现上，或文雅、温柔、秀美，或静穆、睿智、深沉，或英武、刚烈、嚚肆，或丑陋、凶猛、怪诞——其神情相貌形形色色、变化多端，姿态表情因人而异，人物形象富于变化，但都融汇在一派壮丽肃穆的朝拜气氛之中，给人扑面而来的震撼……衣饰线条流畅精美，每个神像大都只是寥寥几笔，以浓淡粗细的长线变化，充分表现出质感的动势来。袍服、衣带上的细

图4-22　芮城永乐宫三清殿《朝元图》之太乙星君

图4-23　芮城永乐宫三清殿《朝元图》之白玉龟台九灵太真金母元君

长线条，更多的是刚劲而畅顺地"一笔过"画上去，好像一条条钢线镶在壁画上一样，造就了迎风飞动的飘忽感，加强了画中仙人的生动性。这种画法不但承继了唐、宋以后盛行的吴道子"吴带当风"的传统，而且准确地表现了衣纹转折及肢体运动的关系。辉煌灿烂的色彩效果，是三清殿壁画艺术的又一特点。在富丽华美的青绿色基调下，有计划地分布以少量的红、紫、深褐等色，加强了画面的主次及素描关系。采用天然石色，在大片青绿平填为主的色块上插入白、黄、朱、金及三青、四绿等小块亮色。在工艺材质上，另有沥粉贴金等技法，使之形成一个绘画与装饰有机结合的整体，尽显辉煌。

环绕三清塑像的斗心扇面墙上，东、西面分别是南极长生大帝、东极青华太乙救苦天尊和玄元十子等；扇面墙背面为三十二天帝君；正面北壁东部是中天紫微北极大帝、天至大圣及北斗七星、十一曜、二十八宿及历代传经法师；北壁西部是勾陈星宫天皇大帝、南斗六星、二十八宿和天、地、水三官以及历代传经法师等。东壁是大上昊天玉皇上帝、后土皇地祇和扶桑大帝、十二元神、五岳、四渎、地府诸神；西壁是东华上相木公青童道君、白玉龟台九灵太真金母元君和十太乙、八卦、雷雨诸神；南壁两侧是青龙君、白虎君。全图描绘的是290多个神仙朝着同一个方向行进。

西壁堪称是整个《朝元图》中最精彩的部分。画面以东王公、西王母夫妇为中心，各天官簇拥左右。西王母端坐椅中，凤冠品服，仪态端庄典雅，表情温柔亲和。在她面前有一身着蓝袍的长者，据说是哪吒的师傅太乙真人，他头微低，脸微侧，双手持笏，似有要事启奏西王母。在太乙真人的身后有两位天神作交谈状，似乎真人所禀奏之事正是他们也关心的事。这一组人物相互呼应，特别是对太乙真人的心理传神的描绘，为我们刻画出一个眉宇间显现出焦虑、心事重重的长者形象。

永乐宫三清殿壁画《朝元图》是继承唐、宋、元道教壁画艺术发展的最后一个高峰，它既保留继承了"吴家样"优秀的中原风格传统，又有民间画工于工艺、材质和表现力上创造性地发展所形成的新的气质风格。

《朝元图》是传统题材创造性的发展和表现。它集中了前代同一题材之精粹，在一个统一完整的画面中收纳了所能容纳的各种中国道教及民间信仰的各种神祇，以及由凡入圣、化身为神的如造字的仓颉、万世之表的孔子等，表现了290多位不同职司、品级与品位的神仙鬼怪。它不仅形象地反映了道教神祇完整的组织系统，而且经过艺术家的精心构思和绘制，实际上塑造了形形色色的世间形象，显示了现实中不同功德、不同阶层、不同经历、不同气质、不同情思的各种人物的神情仪貌，绘就了一部充满想象的奇幻而又真切的神话传说和历史人物的形象总汇，甚至可以说它全然是一部中国道教的谱系全图。

这是一个由凡入圣，人、神、鬼、仙构成的神圣世界，无异于一个虚拟的、至高无上的、全知全能的天庭帝国的身影；是一个来自古

图4-24　芮城永乐宫三清殿《朝元图》之老子

图4-25　芮城永乐宫三清殿《朝元图》之孔子

图4-26　芮城永乐宫三清殿《朝元图》之珊瑚玉女

图4-27　芮城永乐宫三清殿《朝元图》之灵芝玉女

图4-28　芮城永乐宫三清殿翊圣黑煞将军

图4-29　芮城永乐宫三清殿佑圣真武将军

代中国人的精神世界和心灵深处有着敬畏的神圣的行列，同时这还是一幅凝结着现实与荒诞之梦境的天国胜境——艺术就这样成为人的不朽的精神印记。

据史料记载，宋徽宗赵佶是位极富艺术才情并崇尚道教的"艺术家"，自封集天神（长生大帝君）、教主、皇帝于一身。并于宋重和元年（1118）下令编写"道史"，使传统的道教谱系更趋完整；宣和元年（1119）又命制《九星二十八宿朝元官服图》，令道士林灵素重新制定了斋醮制度和神祇名目，使得以绘画形式去表现道教内容更具有了典制化依据。从《上清灵宝大法》保存的宣和神祇系的360位名目看，大致有以下诸神：三清、六天帝君及二帝后，三十二天帝、十太乙，日月星宿、三宫、四圣，历代传经法师、三元、五岳诸山神、扶桑大帝及水府诸神，丰都大帝及所属天枢院、驱邪院、雷府等主宰及所属的各种功曹、使者、金童、玉女、香官、吏役等，以及城隍、土地和以上各种神祇所属的兵马走卒……于是在壁画《朝元图》上我们可以看到，有以八位帝、后——玉皇、后土、木公、金母、紫微、勾陈、东极、南极为中心；青龙星、白虎星君为领班；三十二帝君为护卫；以紫微、勾陈为主像，组合二十八宿、北方七斗星、南斗六星，日月五星为列队，以下道元帅、天猷副元帅、翊圣甲敕将军、佑圣真武、四圣、四将为群体；有簇拥于玉皇、后土的山川水府诸神、十太乙神及八卦、雷部诸神；有围绕于南极大帝、东极大帝的中国古代十位思想家（道教称"玄元十子"）等。

在这里，道教传说中的各路神祇排列组成了神圣盛大的行列，举行着向最高神元始天尊的朝拜仪式，形成了一道朝圣的洪流，气氛神圣、庄严。其规模宏大、典制依规、组合有序而满壁风动、气势夺人……所有这些，均是道教思想所构筑的一个对应于现实人间的天上的神仙帝国谱系。这一谱系成为传统道教壁画与三教合一的水陆画表现的主要内容和基本依据，也为后人研究了解道教、理解永乐宫三清殿壁画提供了必要的重要线索。

永乐宫是道教全真教派的三大祖庭之一。祖庭相当于祖庙。其营建历时百余年，可见其筹划周密、形制格局严谨、经营用心良苦，现存建筑以三清殿（无极殿）、纯阳殿（又称混成殿、吕祖殿）和重阳殿（又名七真殿、袭明殿）三大殿依次推进而又各陈布局，并在内容表现上各有侧重又相对独立。在规模上，三清殿为主殿，其次是纯阳殿。纯阳殿四壁绘以52幅通景式青绿山水连环画图式，绘有吕祖生平事迹及求仙入道、羽化成仙的传说故事。再其后的重阳殿，基本沿用了纯阳殿的表现手法，以49幅连环画表现了道教全真教派创始人王重阳一生的经历，是为画传。受佛传本行图的影响，该壁画采用了通景连环画的分栏、隔景、连缀等表现形式，使画面既连贯统一又丰富独立，并在叙事性、表现性、情节事件与场景的创造性组合处理上，丰富了中国传统绘画艺术的思维观念、创作经验与审美风格。

如果说三清殿是一个神仙的世界，《朝元图》是一幅想象的神化了的天国理想图，那么纯阳殿、重阳殿便是传说中求仙成道、游历天下、度化世人的吕祖，曾经历尽艰辛、精诚敬业、创立门派的王重阳，由凡入圣，有着悲欢离合、神化际遇的世俗人生画卷。在这里，道教"万物归元"的文化理念、"敬天爱民"的人本思想、拯世救人的道德行迹，均在平凡与神圣、卑微与至尊、神话与现实、人生与理想的画迹中，给我们以启示、教育和感动。由凡入圣、由人成仙，这也许便是绘画艺术在对文化精神的阐释与表现上给人带来的特有的感召与感染。

永乐宫，这座现存的700余年前的最完整的、唯一的宫廷式道教建筑群和它惊艳绝世的壁画艺术，有着说不完的话题。它不仅是精神的、审美的典范，而且还是我们今天"研究元代道教人物传记题材作品及艺术成就最完整的实物遗存"；它是我们优秀传统文化丰富的、

图4-30　芮城永乐宫重阳殿《二仙传道》

145

图4-31 芮城永乐宫纯阳殿《吕洞宾行迹图》

不可再生的重要遗产，并将不断地长久地丰富着我们的文化精神。

在元代，寺观壁画呈井喷式发展，现存的有稷山青龙寺壁画，洪洞广胜寺下寺水神庙壁画，大同冯道真墓壁画，汾阳五岳庙壁画；有被盗卖最终彻底毁灭的稷山兴化寺壁画，襄汾襄陵齐村万圣观壁画；有被僧人与官绅合谋出卖的洪洞广胜寺下寺大雄宝殿壁画等，可惜、可叹的是，它们已被割离故土，流落海外，望洋兴叹之际，我们只能通过有限的图片资料略见它们的身影，却已很少有人能亲眼一睹其历经沧桑的真容。

六、三教归一

中国人的宗教信仰有两大特点：其一，中国人的信仰中保留着许多远古万物有灵的意识；其二，中国人的信仰可以包容多种宗教，即泛神论观念。以"三教"统称的儒、释、道，始于南北朝的北周时期，约公元6世纪中后期，中国文化逐渐形成儒、释、道三足鼎立之势。经过隋唐时期的三教讲论与融通，三教合流在北宋已经大致成型，明代以后则成了社会主流思想。在所谓的三教中，儒家的主要功能当然是"治世"，它是一种治理国家的意识形态，确立了中国传统社会的礼仪规范与典章制度。道教的功能主要是"治身"，长生不老的神仙生活，中国人素来心向往之。佛教的功能主要是"治心"，在消除烦恼的心性修养方面，有着明显的优势。可以说在这"治世""治身""治心"的不同文化功能中，儒家徘徊于世间，以"礼"入世、以"礼教"为尊；而道家却游离于自然之中、人世之外，寻仙访道；只有佛教把相对原理推到了逻辑的极限，但因受道家的影响而变成禅宗，成了宋代儒学发展的重要源头。佛道两教，因此配合实践儒家的伦理规范，尤其是佛教，在民间社会还承担了许多慈善救济的实际功能，因更贴近于世俗民生而获得大量信众。因而唐高祖李渊曾下诏，称"三教虽异，善归一揆"。宋孝宗的《原道论》也提倡三教并用，"以佛修心，以老治身，以儒治世"。朱元璋在《三教论》中亦有"三教之立，虽持身荣俭之不同，其所济给之理一。然于斯世之愚人，于斯三教，有不可缺者"之称。道教全真派首领王重阳，更是主张融道佛儒思想于一炉，主张三教平等，是三教合一具体实践的推动者，他提出："儒门释户道相通，三教从来一祖风。"虽是三家各据其理、各有所立、各尽所能，但却也互相渗透、互补其说，终使三教合流、归一，共同构成了中华文化的多样性、丰富性、复杂性。其根源在于它的"济世之用"的功利性、实用性特质，这种特质也必然深刻地渗透、影响了中国的民间信仰所具有的强烈的功利性和实用性的特点和心理需求。在所有的求神拜佛活动中，一方面在行为上履行着对"礼""礼教"的实践，另一方面是在内心深处企望神灵能够做到"有求必应"，满足自己的愿望，但并不是在精神上真正信奉和仰慕神灵。既然人间的礼仪是对神明的尊崇，神的旨意也就包括在人间的"礼"这个经验的现实中，人与神同在一个世界，甚至发展了通过以神的名义实现"礼教"的目的，这反映在宋、元以后，尤其是明、清时期的山西古代壁画中，突显出以对生者的教化、对亡灵的超度、对世俗强调"礼教"成分的各种世俗化倾向的水陆画成为主要的内容和形式。

　　水陆画是"三教合一"的艺术表现形式之一。作为一种汉传佛教的宗教绘画，水陆画源于三国时期，自金代至元、明、清时期盛行的佛教寺院为超度亡灵、普济水陆一切鬼神而举行的一种重要佛事活动所绘之画，并影响到道教的法会形式，是"三教合一"大背景下产生与发展的汉族民俗文化现象。水陆画是水陆法会上供奉的宗教人物画，唐以前多绘制于佛寺墙壁，至宋元明清渐盛行绘于绢素之上成卷轴画形式而因地施用，故它也应该是山西古代壁画乃至中国美术史研究中不可或缺的一个重要类型。

在山西古代壁画中，带有水陆画倾向的内容最早见于金代的繁峙岩山寺壁画和元代的稷山青龙寺壁画。成熟期则以浑源的永安寺壁画和右玉县宝宁寺旧藏的139卷轴的元代水陆画为其代表。

青龙寺位于稷山县城西4公里的马村，东临法王庙，西隔青龙沟与宋金段氏戏曲砖雕古墓比肩而峙，北枕高垣，南面汾水，四周枣林环绕，景色优美，因坐落于青龙岗上，故名青龙寺。该寺，始建于唐龙朔二年（662），由工部尚书王政奉敕而建，翌年改名。

稷山青龙寺壁画共有190余平方米，其精华在于元、明两朝的壁画，是现存最早的佛教和道教融合的壁画。在其腰殿东西山墙的《释迦牟尼说法图》和《弥勒佛说法图》，内容是按照过去佛—现在佛—未来佛所绘画面，形成进入大殿依次观佛、礼佛的顺序和完整有序的礼仪空间，共同构成一个竖三世佛观瞻和水陆道场。令人为之叫绝的精彩壁画，在艺术形式上继承我国唐宋以来的绘画表现技巧，和芮城永乐宫的壁画在画法上、风格上可以说是一脉相承，如出一家之手，都是寺观壁画的杰出代表。中殿四壁为水陆画，是青龙寺壁画中的精华所在。该殿全部构图共有人物500余众，分画在130平方米的墙面上。值得注意的是，其中西壁《弥勒佛说法图》在构图、造型上与被

图4-32　稷山青龙寺西壁礼佛图局部

盗毁的相邻的兴化寺的《弥勒佛说法图》有着惊人的相似，推测当出自同一粉本。北壁为罗汉和十殿阎君、六道轮回等，其中儒释道神像杂糅。有佛教的帝释天、大梵天、婆罗门、鬼子母等，亦有道教的普天列曜星君、十二元辰、月宫天子、日宫天子、四海龙王、五方五帝、南斗六星、元君圣母、五通仙人，还有儒家以孝、忠为主的古来孝子烈女等图像，真可谓是"三教汇流"的大团圆。东墙壁画因日晒雨淋，眉目难辨。

以上壁画虽是宣传封建礼仪和宗教迷信，但画面结构严谨，笔力道劲流畅，色彩柔和协调，人物繁而不乱，人体比例适度，造型优美，形象生动，衣饰飘然，栩栩如生。无论是高大的佛、菩萨，还是奇异怪诞的明王、微小可笑的侏儒以及阴曹鬼卒，都表现得含蓄流畅，刚柔相济，线条劲健有力，静中有动，动中有静，洋溢着鲜明的节奏，古朴典雅，耐人寻味，堪称具有精湛技艺的工笔重彩人物画卷，它继承了我国唐宋以来的绘画表现技巧，被视为元、明两代绘画之杰作。

所谓水陆画是佛教寺院中举行水陆法会时为所尊请的诸神灵所绘制的画像。水陆法会，全称"法界圣凡水陆普度大斋胜会"，略称为"水陆会"，又称为"水陆道场""悲济会"，是汉传佛教的一种修持法，也是汉传佛教中最盛大且隆重的法会。水陆法会起源于南北朝时的梁武帝，经唐代密教的充实发展，直至宋、元、明成熟定型。

水陆画发展到明代以后，其表现内容、形式，尤其是构图逐渐规则化。中国的儒教、道教和佛教均出现在同一画面里，而且每一行一组条理都很清楚。这种中央为佛、观音、弥勒像的形式类似于多神系统的万神庙，浑源城内的永安寺壁画便是典型的范例和代表。

永安寺位于浑源城内，俗称"大寺"，现为全国重点文物保护单位。据《寰宇通志·卷八十一》记载："永安寺，浑源州治东北，金建。"寺院坐北朝南，现存寺院南北长80余米，东西宽50余米，总面积为4000余平方米。除传法正宗殿为元代遗物，其他建筑如山门、护法殿、东西配殿均为明清所构。传法正宗殿内四壁布满了巨幅明代工笔重彩画。壁画环绕于殿内四壁，高3米，长56米，共计约170平方米之巨。壁画笔意磊落遒劲，色泽绚丽协调，人物刻画细致，表情栩栩

图4-33　浑源永安寺冥王图

如生，画工之高超令人称奇。画中882个人物用他们生动自然的表情举止，把儒、释、道三教和谐地融在一起，可谓集我国宗教神祇之大成，是极为珍贵的古代绘画杰作。

永安寺大殿四壁所绘制的水陆壁画，上下分为三层，以彩云为背景。东壁绘有神像468尊，西壁有356尊，基本以67尊为一组。"最早从伏羲女娲开始（如西方的亚当、夏娃），接下来是历代亡故的帝王、忠臣、后妃、孝子等。很多民间熟知的经典故事都会呈现在壁画上。"[5]中国古代壁画承载的是一个跨文化、跨宗教甚至跨时间的中国历史文化系统，展示出中国文化融入多种价值观，几乎是一个综合的思想教育、意识传播、行为教化的圣殿和大学堂。

这种全然不计较、不执着于某些特定的宗教属性、立场，图像主题使不同信仰的人群都能够普遍接受的表现形式和内容，鲜明地揭示了明清时期儒释道三教归一的趋势，这种趋势所导致和形成的社会主

流宗教文化观念与倾向，因其在中国传统的泛宗教意识中又增添了现世广泛而普遍存在的民间、民俗信仰文化，而从性质上具有了更加多样化、实用性的基本特征。

图4-34　浑源永安寺传法正宗殿东壁《往古九流百家众》

一首"哥哥你走西口，小妹妹我实在难留，手拉着那哥哥的手，送哥送到大门口……"的晋北流传的民歌小调《走西口》，让我们知道了右玉县这个位于山西北部边陲的"西口"——"杀虎口"，这个自古以来便是中国北方边陲，作为明长城防御中段的军事重镇，在明朝中期至民国初年400余年间，明朝廷为了保卫北方边疆，设立了"九边"（9个军区），派驻80多万戍边部队驻守，以及走西口大移民深厚的历史背景。但我们是否知道就在这特殊的地域和历史背景中，右玉县宝宁寺所藏的被誉为我国现存传世最早、数量最多，且体系完整、学术价值和绘画工艺成就最为卓著的佛教水陆画呢？虽然中国传世水陆画，北方各地均有一定数量的遗存，但山西右玉县宝宁寺所藏的水

图4-35　右玉宝宁寺明代《镇边水陆画帧》之《国亡将士》图轴局部

陆画却称之为世之珍遗、东方之冠、国之瑰宝。

明代宝宁寺也称大寺庙，位于右玉县右卫镇老城区。宝宁寺所藏水陆画是现存唯一一套完整的水陆画全图。宝宁寺水陆画，是出于镇边目的抚军慰边、祈求平安的赏赐品，大约绘于明英宗至代宗时期。据原有《敕赐宝宁寺记》碑载，于明景泰六年（1455）奉旨建造，天顺四年（1460）竣工，

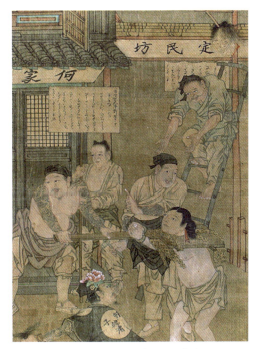

图4-36　右玉宝宁寺明代《镇边水陆画帧》之《九流百家》图轴局部

为期6年。寺内所藏水陆画因系明英宗天顺帝朱祁镇所赐，亦名为《镇边水陆画帧》，由朝廷募集宫廷画师绘制，百幅巨制由多人分工合作完成，代表了当时佛教绘画的最高水平。

《镇边水陆画帧》为卷轴形式，共计139幅。除几幅大佛像外，其余均高约120厘米，宽约60厘米。其中表现内容分别为：大佛9幅、诸菩萨10幅、明王10幅、众罗汉8幅、历代帝王和道释人物画87幅、各类世俗人物画12幅、反映当时社会生活的画3幅。画面通过对其所绘

图4-37　右玉宝宁寺明代《镇边水陆画帧》之《持地菩萨众》图轴局部

制的帝王、宫妃、孝子、贤妇、烈女、甲士、九流百家、神仙罗汉等的描绘来表现解释生活之苦的根源，引导人们皈依佛法。画面还包含许多神话传说、历史典故，折射出当时的社会现实状况。

画面还涉及各种宗教法器、生活用具、戏曲仪仗、民俗风情，更有山川河流、飞禽鸟兽、牲畜鱼虫、花草树木等，堪称一部反映社会历史的画卷式百科全书，极具历史和艺术价值。尤其是技法上工笔重彩的勾勒渲染，细致入微，人物造型线条流畅、神形兼备，色彩富丽典雅、华美壮丽，不愧为"流动的敦煌壁画"。该壁画是研究中国古代服饰、戏剧、中外文化交流以及经济社会发展历史的重要参考资料。

我们今天很难理解这种人、鬼、神共舞的画面和离奇的场景会承载寄托信众们心灵上和精神世界中那么多的期待和信任，但这些色彩斑斓、绘制精美的画面也许就是他们真实的内心企盼。"由于自然力被人格化，最初的神产生了。"[6]泛神论的核心思想是万物有灵观念。宗教为艺术提供着荒诞的灵魂空间，而艺术在用奇异的想象塑造完成这历史、现实、精神的完美结合，并在一幅幅古代壁画中给我们留下无尽的猜想和自我对真善美的渴望。

注释：

[1]《马克思恩格斯选集》，人民出版社，1975年版，第2页

[2]《马克思恩格斯选集》，人民出版社，1975年版，第1页。

[3][北宋]郭若虚：《图画见闻志》卷一，引自蜀僧仁显《广画新集》。

[4]祝重寿：《中国壁画史纲》，文物出版社，1995年版，第63页。

[5]上海博物馆：《壁上观：细读山西古代壁画》，北京大学出版社，2017年版，第36页。

[6]王友三：《中国无神论史纲》，上海人民出版社，1999年版，第3页。

第五章

彩壁梦魂

一、依依长梦

"日有所思，夜有所梦"，通常是人们对个体生理和心理现象的一种解释，而对一个文化族群的文化心理、精神信仰、传统和历史的解释大约可以理解为是一种积之深、传之广、承之远、蕴之厚的"集体无意识"精神特质的心理愿景之表述。在对许多中国传统文化信仰的深究细考中可以发现，在现实与虚幻的关系中，"梦"和"梦想"竟有着难分难解的因缘。在古代，人们对梦的认知源于自身的感知体验，并因对自然科学认识的有限，而产生"梦是神谕"，是"神灵启示"，或是"鬼神作祟"的认识。但从"庄周梦蝶"所引发的人之现实与虚幻的哲学追问，从《周公解梦》七大类占卜凶吉解析所涉及的测度人、事之术，从四大名著之一的《红楼梦》对世事人生无常、兴衰荣辱无从的深刻揭示，以及众多的关于人生如梦的故事、传说、神话中，我们可以看出，中国人对自身和现实的"梦"与"梦想"的梦文化的情结，带有某种原始宗教信仰与多神崇拜的痕迹和影子，这些"梦"与"梦想"的含义则代表着不可思议的愿景，是一种"有意味"的明确指向性——梦，是希冀、期望、欲想与渴求的表征。

就现实意义而言，梦，犹如古希腊哲学家认为的"是人类日常生活的另一种延续"，并称之为"创造之源"。又如奥地利精神分析学家弗洛伊德在他的《梦的解析》一书曾定义说"梦是通过变形来满足被压抑的欲望"的精神影响。如此说来，"梦"是一个作为人的生理与心理在主观与客观、现实与虚幻、意识与潜意识既分离而又实质为一的精神现象存在。梦，本质上是人的潜意识或称为下意识在意识中的反应显现。但关键在于人的潜意识作为一种非意识本能并不懂得用文字说话，它唯一可以用来同我们交流沟通的手段，就是通过梦境向我们展示各种带有暗示、隐喻和象征等意味的梦的情境图画。而当这些情境图画的显现转化为绘画形式的真实表现时，这种"虚幻之梦""梦的意向""梦想之境"的具象的呈现，又何尝不是我们将去探寻和解读的中国古代壁画中包括的封建社会传统文化在哲学、艺术，尤其是宗教方面的一幅幅古代先民们所创造的多彩的"梦"与"梦想"呢？

二、现实幻象

以此逻辑推演和探寻，我们似乎找到了中国古代壁画内容中所蕴含的有关古时先民们对天地自然、神话仙话、先祖崇拜、鬼神信仰，以及福、禄、寿、爵等的欲求融于血液并一脉相承的"梦"与"梦想"的线索，正因它是"通过变形来满足被压抑的欲望"，并使这"梦"与"梦想"成为"梦象"幻化为现实创造物的　蓝本"，而给了我们种种似乎匪夷所思但却深感其"有意味"的指向，获得对"梦想"与"梦象"之内容与形式的解析和欣赏路径，从而理解了中国古代壁画内容的多样丰富、形式的多彩绚丽的祈愿与象征。古代壁画不正是在宏阔悠远的文化传统背景下深邃而绵长、悠久而不息的"梦想"与"梦象"的变形转化吗？不正是人们的希冀与渴求的写照和象征吗？然而这是一个怎样的愿景与构图呢？

"天为国本，祖为王本"，天地祖先信仰始终是中国封建社会政治思想的核心，这种思想为儒教所代表。传统中国社会因其高度成熟的农耕文化和持久绵延的历史，使其本身在文化上的连续性形成了人们思维、意识、精神来自上古时代信仰中长久的稳定性，甚至是超稳定状态。这种文化传统并不是空泛的谈论关于宇宙自然、人生这些概念或把它们归纳成理性的思辨和追问，而是以基本的生存方式和活动把他们化入民俗伦常的行事里，落实到具体偶像的崇拜信仰上和朴素的遵从中，达到精神和心理释然与解脱。因此，这种表现和象征正是以图像、图式化方式而成为山西古代壁画内容表现上的另一道特殊图景。

三、神祖圣贤

天地信仰和祖先信仰是华夏民族的传统，殷周以来，这两种信仰结合在一起，开始成为封建社会统治思想的支柱。在近3000年的历史中，尽管传入了佛教，产生了道教，但都未能取代天地信仰和祖先信仰的位置。其中对先贤圣祖的崇拜作为深植于中国人思想观念中一种信仰，在明正德二年（1507）绘成的新绛稷益庙面积约130平方米的壁画中得到充分体现。

图5-1　新绛稷益庙明代壁画东壁全景

　　新绛稷益庙壁画绘有《朝觐三圣帝君图》《朝拜大禹稷益图》
《张天师赴会图》《阴曹地府图》等，在东、西两壁以朝觐拜会上古
三圣帝君——太昊伏羲氏、炎帝神农氏和轩辕黄帝的创始恩德，朝拜
歌颂大禹、后稷、伯益造福世人、教民稼穑的功业事迹为主题画面，
其势浩大而恢宏。在画面空间有序的划分中，穿插着后稷、伯益的生

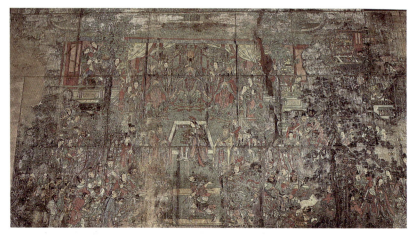

图5-2　新绛稷益庙明代《朝觐三圣帝君图》

平传说故事，以及南壁绘的神祇、群仙、鬼卒、百官、武士、农夫、妇孺等400余人物等的场景。画面中，生动形象地反映了明代晋南农村的风土人情。它依托神话题材所展开的人世间，为我们展示了一幅生动的梦幻式的却有着鲜明时代特色的浪漫现实主义画卷。

　　从内容欣赏的角度来看，东壁的《朝觐三圣帝君图》，以三圣殿"三圣"为中心，以群山祥云、高台圣坛为背景，又疏密有致地集山水、人物于一体，以全景式平面结构展开宏阔的情境画面，充分描绘"三圣"作为"神、圣"帝王不同于人间的高贵与超凡，给人以无与伦比的崇高感。富丽辉煌的殿堂、仪态肃然的百官、威严的殿前武士，以及殿后回廊隔扇、龙柱盘曲、花木疏朗的宫中，宫娥侍女或捧果盘，或提壶水，或执珊瑚，各种情节的描绘，既反映出平民百姓对所尊崇的圣贤们天堂般生活的想象，又寄予着自己对福、禄、寿、爵

图5-3 新绛稷益庙明代太昊伏羲
氏、炎帝神农氏和轩辕黄帝

图5-4 新绛稷
益庙明代帝颛顼

图5-5 新绛稷益庙明代《朝拜大禹稷益图》局部

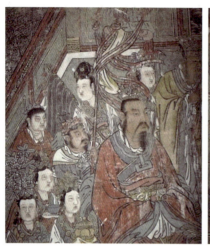

图5-6　新绛稷益庙明代壁画
佐禹治水、发明凿井的伯益

图5-7　新绛稷益庙明代壁画手持
谷穗、教民稼穑的后稷

图5-8　新绛稷益庙明代壁画
后稷降生、樵夫发现

图5-9　新绛稷益庙明代壁画母亲
抱回、邻人探望

的企望……

"三圣"作为上古帝王兼人文始祖，"对于中国人来说是一种具有绝对性、终极性、至上性的存在"[1]。对先祖崇拜升华为圣贤崇拜，凝结着中国人万世不移的心理情结。画面不仅如真地再现了古时规模壮观的百官朝拜场景，而且展示了中国人自古以来对祖神崇拜的现实宗教情感往往是通过"礼仪化"的形式来体现的，并且这种礼仪隆重而神圣。

西壁《朝拜大禹稷益图》中，大禹居中，身着帝袍，正颜端坐，身后洪水浩荡，旭日初升，象征治理水患；左侧为佐禹治水、发明凿

图5-10　新绛稷益庙明代壁画
农人耕获图

图5-11　新绛稷益庙明代壁画
麦收打场图

井的伯益，右侧为"教民稼穑，树艺五谷"的后稷；两画面中心突出，左右皆侍女奉立，百官云集，文臣手执笏板，武将手持利刃，民众聚拢四周。画中人物尊卑有别，贵贱有分，神情虔恭，姿态各异，呈现出百姓对农耕文化的创始之神世代感恩的宗教般情怀。

其次，《左传·昭公二十九年》云："有烈山氏之子曰柱为稷，自夏以上祀之。周弃亦为稷，自商以来祀之。"东壁壁画中还有如同佛教本生故事一样描绘后稷的神话故事："后稷降生""祭祀天地""樵夫发现""母亲抱回""邻里探望"。

图5-12 新绛稷益庙明代《捕蝗图》局部1

在此我们还可以看到，壁画这种表现形式正如恩格斯所指出的："用理想的、幻想的联系来代替尚未知道的现实的联系，用臆想来补充缺少的事实，用纯粹的想象来补充现实的空白。"[2]正是这种借助于对自身制造的外在信仰物的崇拜，从而得以在心理上、精神上自我安慰，是中国古代民俗文化中原始信仰留在壁画中的"梦"与"梦想"。

图5—13　新绛稷益庙明代《捕蝗图》局部2

应该说该壁画中真正具有现实主义意义、最富人间烟火气息的是画面中描绘的农村风情，反映了当时的现实生活场景，其中有神态各异的农民形象和众多农事活动。农事活动如狩猎、捉虫、锄草、收获、耕田等，也是一幅农耕文化真实写照图。其中最为精彩的当数绘于东壁《朝圣图》下方的《捕蝗图》。它所描绘的是一群行进在朝圣队伍中的农民，他们牢牢捆缚着一只"蝗虫"作为除害的成果或是朝圣贡品，对每个人不同的面部表情都进行了精细刻画，蝗虫被捉后的恐慌之态运用拟人化手法进行表现，既写实又大胆想象，情态逼真，让人如临其境，显示了民间画师浪漫的想象力与高超的绘画水平，也是研究我国古代农耕文化的重要文物资料。

图5-14　新绛稷益庙明代《张天师赴会图》

　　此一壁画在绘画表现形式及空间布局手法上，全画以圣殿廊庑分布两翼，布局疏朗，主从有序，各类人物应有尽有。它在主题的主次表现、虚实处理上匠心独运，如南壁殿门东侧所画的《张天师赴会图》中，东帝张道陵羽扇纶巾，率众朝圣，阵容表现形式上打破常规，将庞大的朝圣队伍巧妙地掩映于山林云雾之间，层次清晰，构思巧妙，给观者更多的想象空间，让观者通过对掩映在山林之后的部分朝圣队伍的想象，反衬出队伍的规模。在南壁殿门西侧画有封建社会教化众生、宣扬因果报应的说教故事《酆都鬼门》和《阴曹地府》，对这组人物的表现，画家运用贵贱尊卑的服饰区别、人物比例的反差，惟妙惟肖地表现了不同际遇、不同身份、不同年龄的人物形象，或庄严喜悦，或痛苦无奈的表情和神态，真实反映出封建社会统治与被统治、剥削与被剥削的人际关系，是明代朝野的真实写照。

从整体艺术风格和绘画技巧上看，稷益庙壁画以墨线勾勒人物服饰，笔力雄健，线条爽利，色彩绚丽。其中，色彩方面，多用朱砂着色，间配石绿、石青、白色、黄色，注重人物冷暖色彩搭配、对比和映衬，寻求变化对比，色彩鲜艳而不失协调。人物造型上，值得一提的是侍女形象的精妙刻画，其形象清雅端庄，面相丰润秀丽，仪态俊美多姿，服饰发型也因其等级地位的不同而有所区别。

画面上的山石树木、楼阁廊庑与人物布局疏密有致又浑然一体，与同期壁画相比，稷益庙壁画更多地汲取了民间绘画与宋代壁画造型

图5-15　新绛稷益庙明代《酆都鬼门图》

图5-16 新绛稷益庙明代《侍女图》局部1

的优秀传统，继承了元代壁画重彩遗风，也显现了明代明艳丰满的时代风格。

同时，稷益庙壁画也是中国通景连环画艺术的典范之作，壁画整体节奏和谐，通幅皆以一幅幅连环画形式既相对独立成组又有机地穿插串连为一体，每幅连环画主题明确，技法多样且统一协调。不同的故事情节用山石云林巧妙地连接在一起，无任何牵强生硬之感，利用云遮山、山映树、树掩屋、屋连路的层递手法，把全部内容统为一体，气脉随内容情节而连贯，可谓匠心独运。

从文化角度来看，稷益庙壁画将宗教神话题材的绘画赋予以自然经济为基础的乡土文化气息，浓郁朴实的风俗画意味充溢其间，使神话题材的故事在一定程度上反映出世俗百姓的生活场景，以及心理和

精神深处的感情与期望，正是
这种基于民间艺术家依据现实
生活，凭借想象力和创造力，将
圣贤神仙凡人化，神话传说世俗
化，历史情境现实化，从而决定
了稷益庙壁画的现实主义特色。

从审美心理角度来看，稷益
庙壁画与一般宗教壁画明显不
同，它减弱了佛道等宗教题材庄
严肃穆的威慑力和悲天悯人的感
化力，着重于表现和反映社会下
层人民的理想需求和平民百姓喜

图5-17　新绛稷益庙明代《侍女
图》局部2

闻乐见的审美心理，而演化成为一种世俗烟火气息的亲和力。正如专
家所言：它既不同于佛教的敦煌壁画，也有别于道教内容的永乐宫壁
画，更是与附近儒道释三教合流的青龙寺壁画截然不同。它精心描绘
中华民族农业起源的神话故事与现实生活的寄托之"梦"，在琳琅满
目的山西古代壁画中独树一帜。该壁画不失为中国壁画史上和壁画宝
库中的经典之作。

"天地者，生之本也；先祖者，类之本也；君师者，治之本
也。"（《荀子·礼论》）中国人和世界上其他民族一样，随着农耕
文明及生产方式和思维能力的发展，最早的信仰是对天地、日月及星

辰的原始崇拜，不仅把它们作为超自然力量的代表，赋予它们超人的形象和能力，并在观念上把它们发展成为一种祖先信仰，又祭起一个幽远而不息的长梦。天地祖先信仰构成了中国古代传统宗教的主体，敬天尊祖也就成为古代中国人安身立命的根本观念。于是"皇天后土""日月阴阳"的原始崇拜意识，一指上天的父权，二指大地的母仪。它们并列于心灵的上苍和生息繁衍的广阔的大地，如日月同辉。

由此，与之相应的这种对神祖圣贤的女性始祖和生殖崇拜梦幻般的寄托的无限崇敬，则表现在明代的汾阳田村圣母庙壁画和始建于明代的霍州娲皇庙的壁画亦异彩纷呈，惊艳于世。

"最早从事降神和祈告的是女性，所以最早从事宗教活动的巫，便是从群体中分离出来的女性。"[3]在母系氏族社会，氏族（部落）的首领称为"后"；土者，地也。"地即母"，二者都是繁衍人类的上古神祖。所谓"后土"，就是母系氏族社会最高的女性首领。后土其实也就是传说中的"女娲"神。尽管后土—圣母—女娲的神话传说版本不同、情节各异，但对后土、圣母、女娲作为自然与女性、母亲与生殖的崇拜并奉其为最高的女性君王的尊奉，却有着血脉相通的本质上的一致认同。

"母仪天下"巡幸人间、长驻万世，自轩辕黄帝及历朝历代君王以祭祀祈求后土、圣母及女娲福佑万民、社稷平安，到广大民间于冥冥之中祈福祀奉以求人财兴旺、家道昌盛，中国先民又祭起一个幽远而不息的长梦而绘形于各类寺庙圣殿的壁画之中，它们正是寄托在心灵中又一份梦的呈现和多彩的象征。

汾阳田村明代圣母庙，当地人称奶奶庙。因庙内供奉后土圣母，故名。殿内满绘壁画，总面积达59.49平方米。画分三壁，北壁是圣母神像的正位，画面表现圣母后宫生活的《燕乐图》。与之相呼应的是东壁的《迎驾图》和西壁的《巡幸图》，分别描绘的是恭迎圣母回宫和圣母巡视人间的场景。作者基本套用了传统的想象和现实生活中封建帝王的行进阵列，但又别出心裁地将神话传说和特定的富有戏剧性的情节融入其中。东壁是《迎驾图》，反映圣母回宫时侍者恭迎的场面。壁画以工笔重彩，沥粉贴金绘就；画面壮观，人物众多；亭台殿阁，曲桥廊庑，布局谨严有致。西壁的《巡幸图》，表现圣母在宫女簇拥下缓步出宫，宫门前有青龙驾驭的乘辇，有两侧仪仗乐队，有

图5-18　汾阳圣母庙东壁《迎驾图》

图5-19　汾阳圣母庙西壁《巡幸图》局部

图5-20　汾阳圣母庙北壁东部
《燕乐图》局部

旗官先导开路，还有使者、文武官员骑马恭候，另有城隍、土地、判官、鬼卒等，此外还后随一白虎压阵。《迎驾图》中在迎驾的左下方有一辆满载婴儿的马车和面露喜悦、怀抱婴儿的妇女恭迎参拜。画面上人鬼神齐集，云蒸霞蔚，如梦似幻。它既体现了圣母帝王般的盛德威仪，又点明了民众对圣母的崇拜，以及希望繁衍子

图5-21　汾阳圣母庙东壁《降赐子嗣图》局部

孙、人丁兴旺、多子多福的心理愿景。西壁《回宫图》的龙辇内,圣母拱手端坐,青龙驾辇腾云驾雾疾驰于汹涌波涛之上,水神向圣母献宝,四周神将护卫,有城隍、土地等迎驾。殿宇上的"圣母娘娘殿"匾额字迹可辨,殿内供案上是珊瑚、金香炉等宝物,殿前阶下是二位武将持剑护卫,宝座后是掌扇宫女,均在恭候圣母回宫。

圣母庙北壁画中所描绘的《燕乐图》,反映出平民百姓对代表着自然与女性、母亲与生殖崇拜的圣母天堂般生活的想象。同时随行一车满载活泼可爱的小孩,作者巧妙的构思、颇具匠心的描绘,体现出圣母送子和民间期望多子多福的情怀。

所谓"燕乐"可泛指古代宫廷宴会时所用的供娱乐欣赏的艺术性很强的歌舞音乐,也称作"宴乐"。宋人沈括在《梦溪笔谈》中说:"先王之乐为雅乐,前世新声为清乐,合胡部为燕乐。这就是说在周代已有所谓'燕乐',即'房中乐',为后妃在宫中所用。"燕乐包括多种音乐形式,如声乐、器乐、舞蹈、百戏甚至杂耍等,其中歌舞音乐在隋唐燕乐中占有最重要的地位。在唐代燕乐中具有突出的艺术成就。多段的大型歌舞曲叫做大曲,燕乐所使用的主要乐器有琵琶、箜篌、筚篥、笙、笛、羯鼓、方响等,东西合璧而又具有中国传统特色。

画中圣母居亭台楼阁的贡案之后,左右侍者持仪环伺,阶下武士护卫而立。堂前似有一戏者托宝于顶,蹲而舞之,两侧则有一组乐女列队行进,其中有三人组合持横笛、琵琶和拍板在演奏,弹琵琶者微侧头,一侧吹笛者身体微倾,好似在倾听琵琶节律。另有拍板者躬身拖拍，极力与笛、琵琶的节奏合拍。其侧的五位宫女，分别各持琵琶、古琴、笙、笛、阮咸等乐器，或正在聆听乐器的演奏，或整妆行进待入。正所谓"此曲只应天上有，人间能得几回闻"，一派笙歌燕舞的曼妙景象……

图5-22　汾阳圣母庙北壁《乐伎弹奏图》

图5-23　汾阳圣母庙北壁《侍者行进图》

画面中，在亭台楼阁之间，既有如扶风杨柳般秀丽窈窕的乐伎们眉目传情，又有手捧木龛，掌托"文房四宝"、金盏、香炉等物位于乐队边上的侍女，以及右角亭内在备食、烧茶、温酒、洗涤碗盏等的宫女组合。画面中人、景、物布局有序、主次得当、疏密聚散成组，司职分配有别。相比汉画像《燕乐图》中所表现的粗犷炽烈，圣母庙壁画的《燕乐图》更细腻、写实，将中国传统工笔画、界画融为一体，不愧为一幅表现宫廷生活生动风雅的仕女风俗画。壁画中乐伎演奏方式和乐器的种类为研究中国音乐史提供了有形的参考资料，具有一定的现实意义。

三壁画面极富起承转合的构思意趣，既互相呼应连接，又各自独立成篇，状物抒情，有着异常的表现能力。整个画面，场面壮阔，人物众多，亭台楼阁布局得当，曲桥廊庑错落有致，从整体构图到细节描绘，都极为细腻、富丽，气氛曼妙。运笔轻重疾徐、劲健流畅、技法熟练。色调以朱色为主，色彩鲜艳夺目，加以当时流行的沥粉堆金装饰手法，使画面热烈辉煌。根据梁架上的题记，推测有可能是明后期庆城王朱济炫王府聘请官方画师所绘。因此，壁画的艺术风格承袭宋、元画风，而又具有明代典型的特色，壁画虽是宗教内容，但却充满了世俗气息，可以看作是明代宫廷生活的写照，也是研究明代建筑、衣冠、服饰、车马仪仗、音乐舞蹈、工艺器物的很直接的资料。

山西古代壁画中有关这类对女性始祖和生殖崇拜的题材在山西各地的水神庙里，以及一些地方祭祀神祇的庙宇中均可见到。但以规模形制和壁画水平来看，当属霍州东郊大张镇贾村的娲皇庙壁画（清代壁画）可与之比肩，而为其姊妹篇。

"娲皇"是人们对人类始祖女娲的尊称。据《说文》记载："娲，古之神圣女，化万物者也。"事实上它也就是我们所称的圣母神。霍州娲皇庙内现存有悬塑及壁画，尤以正殿内壁画著名。正殿东侧的壁画高4米，长6.5米，面积26平方米；娲皇圣像左侧壁画，高4米，长3米，面积12平方米，与东侧壁画连为一体。整组画面表现了圣母宴请百官时，宫廷内忙碌、热闹的生动情景。

霍州娲皇庙相较于汾阳圣母庙似乎少了一些人间烟火气和故事情节性，而更具有纪念性的庄严肃穆和祭祀性的神圣威严感，也就是那种神圣的庙堂气息更为明显和凝重。尽管整个画面内容也是将神话传说与当时社会现实生活交织组合在一起，但庄重的威仪更多一些，尽管也体现着凤凰来仪的浪漫、忙碌地传送各种食物的宫女的娴雅、孩童戏耍的童贞之趣，但皇家宫廷的森严等级及天上、人间、地狱的景象更给世人一种庄严的敬畏感。有种神仙多于凡人、神性多于人性、教化多于亲和的感受。圣母娲皇庄严而慈祥，具有一种深沉含蓄的感染力；文武天神的虔诚，凝聚着智慧与涵养；武士的威武有力，在勇猛中蕴藏着善良与威严。所有这些气氛使圣母女娲显得更威严与神圣。这大约是霍州娲皇庙壁画区别于其他圣母庙壁画之处，也从另一个角度体现着对娲皇的尊崇与敬仰。

霍州娲皇庙圣母殿壁画是娲皇庙中最为精华的部分，是清代壁画

图5-24 霍州娲皇庙清代的女娲坐像

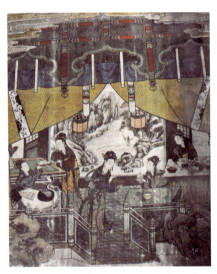

图5-25 霍州娲皇庙正殿清代壁画

中的上乘之作，总面积达71.17平方米。画面同样采用通景式构图，利用楼台亭阁、花草树木等将人、神、鬼、怪有机地分列组合在一起，将一幅天上宫阙和人间炼狱画面呈现于人的视野之中，动人心魄。

东山墙壁画总面积24.33平方米，全景描绘女娲宫廷中处理政务的画面。殿宇檐下正中悬挂"万世母仪"的匾额。中为圣母女娲坐像，半向左侧状，似乎正在询问补天事宜，左右各立一名侍女、二名文吏。大殿月台下左右各绘有五帝，头戴冕旒冠，身穿帝王装，手捧玉圭，侍立两侧；阶下右侧有位头戴乌纱帽官吏似乎正在奉旨宣诏；宫女们有的在窃窃私语，有的穿梭于各殿宇之间；年值、月值、日值、时值四位天神也正飞奔而至，壁画中共绘有人物43人，其中成年女性10人（包括圣母、侍女），成年男性29人（包括帝王、官吏、武士及男仆），男童4人；左上角（从左到右）为时值、日值，右上角（从左到右）为年值、月值，四位天神各司其职，整个画面充满着节奏与悬念。

西山墙壁画总面积26.02平方米，正中大殿上书有"开天立极"的匾额，整个画面以此主题展开。娲皇圣母站立在正中，头戴凤冠，身着霞帔。两宫女各持羽帚、宫扇侍立两侧。各路神仙或帝王相互道贺。左

图5-26　霍州娲皇庙西壁娲皇圣母立像

图5-27　霍州娲皇庙西侧《侍卫与童子》

右上角各有一只向下俯飞的凤凰；大殿月台台阶下两侧三名官吏和其夫人正侍立两旁；右下角是两狱卒差人抬着供案与刚刚大赦的三名双手合十、上身赤裸、肩系方巾、下穿裙裤的囚徒前来参拜谢恩。

中部上端从左到右，集中绘制着年值、月值、日值、时值四位天神。西山墙壁画共绘有人物41人，其中成年女性14人，女童3人，成年男性21人（包括帝王、官吏、武士、男仆及百姓），男童3人。四位天神与东壁相比，人物面貌相同，都身着艳丽的服饰，只是手中少了法器。特别值得注意的是大殿月台边上武士身旁有一正在玩耍的童子，包括西壁左上是一组描绘童男童女的生活场景图，给整个画面增添了祥和、喜庆、轻松的气氛。

娲皇庙圣母殿壁画形制规模宏大，绘制以勾线填色、略有渲染为基本手法，颜色以矿物颜料朱、青、绿、白、黄为主。殿宇、勾栏、亭榭采用界尺绘出。其特点还在于画面的人物服饰，尤其是官吏的官服、官帽与唐代官服相似，并与邻近的山西洪洞广胜寺元代水神庙应王殿内的《元杂剧》《下棋图》等壁画中的官服相同。东西两壁两组壁画人物的神情、头饰、服饰色彩和衣纹曲线繁复精美细致（尤其是女服），色彩艳丽，图案各异，尤一雷同，是研究我国古代妇女发饰、服饰的难得资料。因此，霍州娲皇庙作为国家级文物保护单位，娲皇庙圣母殿壁画亦不愧被称为清代壁画中又一独具特色和个性鲜明的道教风俗画代表作。

四、世俗理想

　　马克思在致阿卢格的信中曾指出："宗教本身是没有内容的，它的根源不是在天上，而是在人间。"[4]事实上，在中国民间的宗教信仰中，他们所创造的神与天界，是与凡界的人与人间的尘世生活有着相对应的相似性。因而中国人认为神还可以是活在世上的人。"他所关心的常常是日常生活的具体目标，而没必要去恪守一种清楚明晰，并被小心谨慎地加以界定的信条。"[5]既然终极真理不可言说，那么理解和把握真理的方法，便莫如是直接去体验、践行、享受尘世的各种包括福、禄、寿等价值标准和取向，实现着或给家族或给自我带来的欢愉。后者的这种"自我之在"大多体现于有着道家思想影响的士

图5-28　洪洞广胜寺水神庙元代《花园梳妆图》

林阶层返璞归真的生存状态中，也反映在洪洞广胜寺水神庙应王殿的元代壁画中，并展示开一幅幅世俗理想的画面。

正是壁画这种世俗理想的文化艺术载体，"用故事、造像、色彩、想象、夸张等手法有机地将避灾、祈福、求生、求利的意愿寄托在整壁的画面上"。（潘鲁生语）壁画艺术与民间信仰相融合，承载起一幕幕世俗理想的梦幻，成为民间精神文化的一种生动表达，给远逝空蒙的历史岁月留下清晰的印记，让我们看到无数寄梦于生活理想的古人，也看到了有幸行进在历史之中平凡真实的自己……

洪洞广胜寺水神庙是我

图5-29　洪洞广胜寺水神庙元代《宫中尚食图》

国现存最为完整的供奉水神的庙宇，始建于唐，重建于元仁宗延祐六年（1319）。水神庙应王殿内绘于元泰定元年（1324）的元代壁画，以祈雨、行雨、酬神为主线。壁画包括整个东西墙和东南、西南、东北、西北墙六大块，总面积190平方米。东壁有《龙王行雨图》《古广胜寺上寺图》《花园梳妆图》《卖鱼图》，西壁有《祈雨图》《打球图》《下棋图》《捶丸图》《兴修兴唐寺图》，北壁神龛东侧有《宫中尚食图》、神龛西侧有《宫中尚宝图》，以及南壁的《元杂剧图》等十余个故事图画，所反映的社会生活相当丰富，堪称我国风俗神话题材的壁画杰作。

我们除了能够看到绘于东西两壁中心部位相对应的带有传统神话传说的《龙王行雨图》《祈雨图》主题画外，更值得注意的是那些穿插在画面中反映现实生活和充满世俗气息的《打球图》《下棋图》《卖鱼图》《花园梳妆图》《宫中尚食图》《宫中尚宝图》，以及南壁的《元杂剧图》等画面所表现出的人情、人性、凡俗生活的动人之处和人物的神情举止所传达的社会关系。服饰衣着、生活环境等方面所表现出的精妙入微的细节信息，为我们展现出宋元时期社会生活的历史面貌。

《花园梳妆图》《宫中尚食图》《宫中尚宝图》，表现了那些身处深宫中的侍女们在紧张侍奉完主子之后，在后花园小憩并梳妆打扮、整理自己妆容的场面；在宫中准备与鉴赏并不属于她们的美味佳肴、奇珍异宝。那种自然放松、喜悦或是惊喜的表情，既有侍奉于君

图5-30　洪洞广胜寺水神庙元代《下棋图》

图5-31　洪洞广胜寺水神庙元代《打球图》

臣面前的拘谨之感，也有背过主子后真性流露的舒展姿态，给人以可亲可爱的感觉。

《下棋图》中，他们使用的棋盘上既有现代中国象棋"汉界楚河"的影子，又有现代围棋的棋盘和棋子的模样，其情景和人物的神情做派，传达出的是有闲的士林阶层衣食无忧、乐而专注的闲情逸致的生活。《打球图》被中国体育博物馆临摹为该馆的展品，并于1998年被国家教委编入了中国历史教科书。该壁画展示的是早于西方几百年的公元13世纪初，中国民间游戏是不是高尔夫球之起源的猜想？它将给人类体育活动课题研究注入新的内容。

相形之下，《卖鱼图》既反映了元代社会商品交易的一个侧面，又描绘出下层普通劳动者于当时社会生活的历史场景。这一情景和内容在中国古代寺观壁画中是极少有且难看到的，留给人们极其深刻的印象。画面上一张霸王鞭腿形的四方桌，放有酒缸、酒壶、糖罐、瓷盆、汤匙、杯盘等餐具。桌下放一木斗，斗内盛满瓜果。桌后一老一少，长者把盏，少者捧盘，盘内置酒盅一个。桌侧二人，前者手捧果食盘于桌面，欲放非放，并回头而视；后者侧身跨前，左手攥着的拳里有一条带子，右手抚胸，似心有余悸。他俩侧弓着身，全神贯注地盯着前面卖鱼的老渔夫。一位头戴桂冠、脚蹬马靴的官员在前直接与渔翁交易，他右手提秤杆，左手摆弄秤砣，两只眼睛紧紧瞅着秤星……秤钩上的三条鲜鱼似乎随着秤杆而浮动……卖鱼的老翁，头裹软巾，身着长衫，腰系窄布带，脚上穿着草鞋，腰带上还别着件带弯

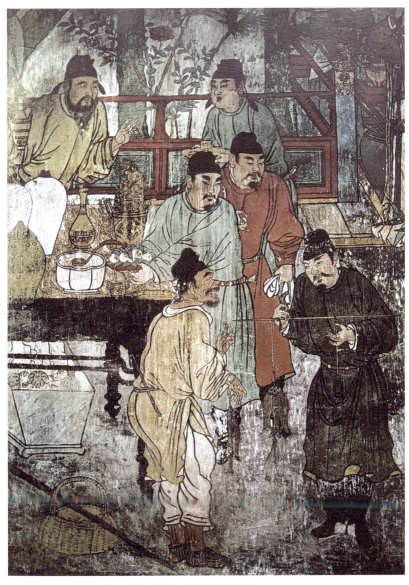

图5-32　洪洞广胜寺水神庙元代《卖鱼图》

的工具……他右手还提有两条鱼，左手伸出几个指头，饱经风霜的脸上，似乎还期待地含着笑容，他也许正在给官吏们讲述捞鱼的艰辛，或是同官员合议秤钩下吊着的几条鱼的重量与价钱……画面中，五名官员个个肥头大耳、肌肉丰腴、衣冠楚楚，而渔夫老人瘦骨嶙峋、弯腰驼背、衣衫简陋，体现了做官为宦者与劳动群众之间的强烈反差。

令人感慨的是，一个小小的买卖鱼之事，居然一个官员亲自吊秤，他的右手小指竟在秤杆上做鬼，另三个官员目不转睛地死盯秤杆，尤其是饭桌后那位老仕者，又如实表现了封建官吏的吝啬和奸诈。画家把当时这类常见的社会现象，描绘在自己的笔下，如此淋漓尽致的写实表现，反映出作者细腻的观察生活的能力和对下层劳动者深厚的感情，体现了此画极强的现实主义色彩，是当时社会的真实写照。

从性质和内容上看，水神庙是求雨的寺庙。其中在东、西两画边角处穿插进的《镜（敬）前梳妆》《下棋（祈）对弈》《打球（求）图》《卖鱼（雨）图》中，以四幅图内容各取一字之谐音便是"敬祈求雨"的含义。这种在"壁画图像中借用了语音的转换，暗藏语音对应密码……这种图—音—意互转的游戏"[6]在明以后十分普遍并被使用……这种独有的汉字文化的游戏之为，取其谐音或借形的一种思维方式，还常见于中国传统年画的表现手法和民俗行事中，颇具意味。

南壁的《元杂剧图——大行散乐忠都秀在此作场》，是广胜寺水神庙最重要的壁画经典之作，也绝对是中国戏剧史上具有标志性的元杂剧戏班子集体亮相的"合影"，具有特殊的史证价值。这个

图5-33　洪洞广胜寺水神庙元代《元杂剧图——大行散乐忠都秀在此作场》

名为"大行忠都秀"的散乐班子,"粉墨登场"的演员共11人,男角7名,女角4名,分前后两排站立。从人物服饰脸谱的不同便可分辨出生、旦、净、末、丑,他们的集体亮相"合影"标志着中国戏曲发展的成熟,也证明着山西是中国戏曲故乡的历史地位。从"尧都见爱"题首的"大行散乐忠都秀在此作场"横标内容可知,前排居中者是领班人忠都秀,从面部恬静的神情和精致的容颜、樱桃小嘴判断,该班主是一位女子,是"尧都见爱"的鼎鼎明星。然而她衣着红袍,头戴官帽,所装扮的角色并非女角,这又说明男女已能同台演戏,女扮男装的反串艺术在元代中期已风行于世。紧靠忠都秀右侧的是扮演小丑的角色,他满脸胡须,手舞足蹈,似乎轮到他道白或唱念,因而其余演员正与他交流。有专家认为,这不是在表演某折戏,而是在酬神演戏之前的一种戏班亮相形式。所以,很可能丑角在开场的献丑,就引起了台下观众的哄堂大笑,使台上诸角色投来一瞥。然而班主忠都秀却泰然自若,含而不露,仿佛也在听任她的搭档作丑,并洞察台下的喝彩声和观众的情绪。一位化好妆的女旦角在上场门东侧掀起边幕条,向外张望,这更加强了画面反映实际生活的真实性。舞台画面上的其他演员,手中所执各自表演时用的道具宫扇、笏板、刀具等,这些道具都是艺术加工后戏剧化了的器物;与演员同登前台的演奏员有两男一女,击鼓者紧靠着东边的上场门,吹笛子的在后排居中位置,均是男相;拍板者居西,在领班人忠都秀左后方,为女性。

这种以鼓、笛、拍板三种乐器为伴奏形式和整个舞台布置与方位的画面，为中国戏剧对乐器的发展及元代以前的戏剧舞台元杂剧的形成发展和演变的研究，提供了具有很高的艺术价值和文物价值的形象化探索性资料。

壁画中服装、道具、乐器、舞台等，内容丰富、刻画精细，对研究中国戏剧的发展和演变具有很高的艺术价值和文物价值。

岁月蹉跎，人生如梦。这些700多年前的广胜寺水神殿中布局严谨、造型生动、色彩浑厚、极富艺术表现力的壁画，内容丰富、画艺精湛、人物生动，艺术水平极高，是中国元代壁画中杰出的艺术作品。它可与永乐宫元代壁画相媲美，是祖国壁画宝库中的重要组成部分。正是这些凝结于壁、亦真亦幻的丰富多彩的画面，留给后世无尽的遐想和审美追寻。

注释：

[1]李向平：《祖宗的神灵》，广西人民出版社，1989年版，第1页。

[2]《马克思恩格斯选集》第4卷，人民出版社，1975年版，第242页。

[3]马晓宏：《天、神、人》，国际文化出版公司，1988年版，第3页。

[4]《马克思恩格斯选集》第1卷，人民出版社，1975年版，第1页。

[5][美]克里斯蒂安·乔基姆：《中国的宗教精神》，中国华侨出版社，1991年版，第32页。

[6]上海博物馆：《壁上观：细读山西古代壁画》，北京大学出版社，2017年版，第36页。

第六章

魂归来兮

一、画境无言

时光和岁月是无情的，它把曾是鲜活的人生、世事、历史真切的面貌剥蚀得漶漫斑驳、残缺不全、依稀难辨，甚至全然抹去，湮没在不可回溯的空蒙岁月风尘之中。我们人类无法指责这种残酷的现实，除了仰天叹息，只有珍惜这仅有的遗存，在尽可能地抚去岁月的蒙蔽或深埋着的尘埃之中寻找着哪怕是蛛丝马迹的残迹碎片，借由它们去推测、猜想先民们生存过的时空，寻找我们的过去、往昔和曾经。由此，你也许会感慨我们的先人是用怎样的信念和愿望、怎样的辛劳和智慧，度过他们的一生，走过漫长的历史行程，留给岁月和历史比他们生命更长久的精神印迹和文化财富。然而他们是谁？可曾留下我们应该感怀、铭记的姓和名？

在我们对山西古代壁画所做的一个历史巡礼和文化解析的过程中，面对这多彩却无声的画面，总被一个问题困惑着：在多数的被我们认为精品的绘画遗存中，却不知它的作者是谁？他们都是些怎样的人？尽管我们在努力地从许多并不连贯的片段中寻找着他们创作的传承脉络，总试图给美术史一个接近历史真实的答案。尽管这些愿望绝不是我们这一代人能够实现的，但我们还是有幸能够通过一些资料碑刻、题记发现有关作者的信息，在这里，我们尽量把这些内容讲述出来，让更多的人去感受这些默默无言的画面背后的创作者，怎样在当

图6-1 潘絜兹作《石窟艺术的创造者》

时现实而平凡的生活中创造着神奇的艺术人生。

　　著名工笔大家潘絜兹先生曾经画过一幅《石窟艺术的创造者》，画面中："洞窟内，浩大的壁画工程即将竣工，匠师们在做最后的润色，脚手架尚未完全拆除。洞窟的功德主是一对仪表堂堂的唐朝官员夫妇，他们带着女儿和仆从进洞参观，做最后的巡视。白发老者是匠师群体的首领，可能也是家族的家长，正向他们的雇主介绍壁画的情况。值得注意的还有画面右下角的一张草席，上面有一个打开的蓝色包袱，里面有两个经卷，打开的那卷露出一段佛经经扉画。包袱下面是若干张方形的白纸，上面用墨线画着佛教人物。显然，这些白纸是壁画的粉本，是图像的来源。而带有经扉画的经卷，则是洞窟中大型经变画的文本来源。"[1]当然，这是一幅以想象的写实手法来表现民间画工在晚唐时创作莫高窟壁画的情景。它多少还原了一幕古代壁画创作者的社会地位、生存状态与现实场景，让我们的想象有了一种直观的视觉感受。

　　从美术史上看，壁画在宋元之前一直是绘画的主流，许多宫廷画师、名家高手的参与，促进了民间画工群体的兴起，民间画工一直是社会美术的主体。但壁画艺术大约只注重于官家或主持者功德的记述，很少给予画家签名和注明记载的机会和殊荣。随着宋元以降文人画兴起后的日渐式微，加之自然和人为的兴亡毁败，就山西古代壁画2000年的历史和遗存来看，有限的记载，大多幸存和留于与建筑相关的佛寺、宫观、衙署、祠堂的碑记和题记中，但我们不可忘记。

让我们顺着时间来看，画家名字有确切记载的，较早出现于宋代高平开化寺里的两处画工题记：

丙子六月十五日粉此西壁画匠郭发记，

丙子十月十五日下手揹（稿）□立至十一月初六日描讫待来春上采画匠郭发记并照壁。

其中第二句话说，丙子即宋哲宗绍圣三年（1096）深秋初冬完成了西壁的线描画稿，待第二年春时开始着色。这又无意中透露出传统中国壁画（干壁画）绘制的某些程序颇耐人寻味。

郭发是谁？本人名不见经传，留下的史料极少。他是宫廷画家还是民间画匠？什么样的机缘让他在开化寺作画？作画后，有的榜书未题，是被宫廷调走，还是有战乱或是天灾人祸？这一个个的疑问有待我们去探寻和考证。我们从画面的绘画技法上可以看到这一国内现存唯一的宋代壁画吸收了敦煌经变图式，继承了唐风，并发展了大型构图且表现力非凡。郭发创作的《大方便佛报恩经图》的内容采用的是我国高僧结合儒家经典自己编纂的，主要讲孝道。"佛说父母恩重难报"，从该壁画的构思所呈现的皇家宫廷气象来看，他也非普通的民间画工。其作品无愧为宋代佛寺壁画的经典代表。郭发给我们留下的是一件国之瑰宝、一颗闪闪发光的明珠。在经历了近千年的风霜，我们仍能走近高平开化寺壁画，仍会记起他的名字和他留给后世的诸多猜想。

就此，唯有山西繁峙岩山寺壁画由金代宫廷画师王逵主持绘制，是所有壁画中署名最规范、身份最明确的。岩山寺文殊殿四壁现存总面积约90平方米的壁画，完工于金大定七年（1167）。现有两处留名，其一是1158年的石碑，署有"御前承应画匠王逵，同画人王遵（或读作王道）"。其二是殿内西壁上有大定七年（1167）墨书题记："画匠王逵，年六十八，并小起王辉、宋琼、福喜、润喜。"由此可知，王逵生于北宋元符三年（1100），北宋灭亡时28岁，可能曾在北宋徽宗朝画院任职后归属翰林院图画局，算来他小张择端45岁，应该深受其《清明上河图》绘画风格的影响。入金后进宫廷，任"御前承应画匠"。59岁携王遵来岩山寺主持绘制主殿的水陆壁画。9年后再到岩山寺绘制文殊殿壁画，虽是佛教题材，但他的现实主义和浪漫主义加青绿山水绘画风格，成就了他画史上被誉为"墙壁上的《清明上河图》"和山西古代壁画的"三大精品之一"的经典巨制。

山西壁画的风格技法均有来源，尤其是晋南宏大气派的一脉，历代研究者均认为源自唐代的吴道子画派，永乐宫三清殿壁画、稷山青龙寺壁画、新绛稷益庙壁画、洪洞广胜寺下寺水神庙壁画均与唐吴道子《八十七神仙卷》《朝元仙仗图》属于一个大系统。从中可以看出唐代吴道子"中原体系"绘画风格的脉络传承发展的优秀传统。

永乐宫三清殿和纯阳殿壁画留有题记。在三清殿云气壁画中有两则题记，一则在扇面墙的东上端：

河南府洛京勾山马君祥，长男马七待诏把作正殿前面七间，东山四间，殿内斗心东面一半，正尊云气五间。泰定二年六月工毕。门人王秀先，王二待诏，赵待诏，马十一待诏，马十二待诏，马十三待诏，范待诏，魏待诏，方待诏，赵待诏。

另一则在扇面墙内侧云气壁画的西下隅：

河南府勾山马七待诏正尊五间，六月日工毕云气。

目前大体可知，永乐宫三清殿壁画是以马君祥为首的画工班子和以朱好古为首的画工班子分别绘制。纯阳殿壁画是朱好古门徒分别绘制，重阳殿壁画作者已不可考，

据考：这里所说的马君祥，生卒年不详，是河南洛阳偃师缑氏镇马屯村人，元大德三年（1299）他曾在洛阳白马寺画壁画。《画史外传》引白马寺大德碑记："大德三年召本府马君祥等庄绘，又费三百五十定，见马七。"由此可见，他是当时活跃于黄河两岸，是一位有一定名气和影响的民间画工班子的首领，而且班子成员由其长子马七和徒弟及族内各有所长不同分工之多人组成，也由此可推测民间画工多是世承祖业、父传子艺并兼收徒弟，游走江湖，类似于我们今天的承揽工程的手艺人群体。至于"待诏"之称，原意为待命供奉内

廷的人，宋元时演化为对手艺工匠的尊称，大约相当于现在的"高工"或"师傅"之称。他们是有一定才艺、靠手艺和技术吃饭的平凡艺人，但却在平凡之中创造着伟大不朽的艺术。从某种意义上看，这也是由凡入圣的人生之路。还说明和证实了：历史是人民书写的这一朴素的真理。

从上述两则题记基本可以断定三清殿东半部的壁画、扇面墙云气图以及彩画部分是以马君祥为首的画工班子完成。那么，三清殿西半部的壁画到底是由谁创作完成的呢？三清殿南壁东西两侧的"青龙君""白虎君"显然是经过后代重绘的作品。但作者呢？他们是谁？

在作出推断前首先要对古代寺观壁画绘制程序有个基本的了解。寺观壁画的创作首先由赞助人选好题材和选定画稿的样式，然后邀请两班画工班子分别绘制，中间用幕布隔开，这样既能保证工程进度，又能使两个画工班子形成一种竞争关系，且用幕布隔开既保证了公平竞争，也是画工行业讲究保密性，防止同行偷窥手艺和技术的需要。绘制完成后，由赞助人对壁画质量好坏进行评定并发放酬劳，绘制质量好的一方会获得更多的壁画绘制工作。

据说霍州明代娲皇庙东西两壁的壁画绘制亦用此法。事实上，从娲皇庙东西两壁不同的画风，可以看出东山墙壁画的画家着力描绘人物之间表情的传递，人物面部神情各异；西山墙壁画的画家则侧重于用人物形体、服饰曲线的飘逸来传递信息，各有特色。

这种行规和绘画程序自古有之，文献中就有记载，如北宋刘道醇的《圣朝名画评》中记载，到景德年间，皇室营造玉清昭应宫，招募画工百余人，分左右两部。左部之长为河南孟津人武宗元，右部之长为河东永济人王拙。现存壁画也能印证这种绘画程序，如洪洞水神庙就是由赵城和洪洞两班画工分别绘制完成的。而纯阳殿壁画题记也清晰地说明了这点。这种行规也类似今天的招标和验收程序。

那么，我们再来看一下纯阳殿的壁画题记，在纯阳殿南壁的东西半部壁画上有两则题记，东半部的题记为：

> 禽昌朱好古，门人古新远斋男寓居降阳待诏张遵礼，门人古新田德新，洞县曹敏德，至正十八年戊戌季秋重阳日工毕谨志。

从墨书题记可知，画作完成于元代至正十八年（1358）。三清殿壁画则可能有朱好古的亲自参与和制作。

据《山西通志》卷三十："朱好古，元时襄陵人（今襄汾一带），擅画山水，于人物尤工，宛然有生态，与同邑张茂卿、杨云瑞俱以画名家，人有得者若拱璧，当时号襄陵三画。朱好古元大都十八年曾在稷山兴化寺画《药师经变图》与《弥勒变图》，山曾在太平县修真观画壁。《太平县志》称：修真观在县南关高阜处，殿壁间绘画人物，元朱好古笔。精微入神，有龙点睛飞去。"此记载更提供了一种从稷山兴化寺到广胜寺下寺东大殿被盗卖至海外的《药师经变图》

与《弥勒经变图》作者和作品风格均与朱好古有关的信息。也说明在当年的河东地区不乏有着土生土长、数代相传的优秀民间画工群体存在。

古代河东地区民间画工群体在稷益庙中也留下了他们的作品。根据殿内题记，该壁画完成于明正德二年（1507），为民间画师翼城常儒及其子和学徒、绛州画师陈园及侄子和学徒等7人所作。水神庙大殿的入门处旁边有墨书《造像记》（分为南霍渠、北霍渠），记载了1324年重修过程、参与者和绘画者的信息。北霍渠记载有绘画待诏王彦达等人，南霍渠记载有绘画待诏赵国祥等人，还有对建筑和绘画的夸赞："峻宇雕梁，克用公输之秘；写真图像，善施吴道之玄。"从这两则墨书题记来看，绘画者当是附近村子的能工巧匠，号称"绘画待诏"，这也说明了历史上晋南地区的民间画工行业脉系传承的行业风气之盛，以及卓绝技艺演变发展的踪迹。

从这个意义上讲，可以说宋元以前中国画以工笔、白描、重彩为表现形式的主流脉系，是由民间画工群体继承、发扬而留存的。在中国美术文化史上有史官文化、士族文化和民间文化之分，作为社会最底层的民间画工群体对宋元明清的壁画艺术的继承和发展做出了重要贡献。

民间画工群体的创作在总体传承上有其"粉本"规范，但表现力和绘画风格又各不相同。他们的作品在民间的传播、辐射、影响力是广泛而巨大的，生命力是顽强的。

繁峙公主寺大佛殿壁画、汾阳圣母庙壁画的作者身手不凡，其身

图6-2　繁峙公主寺大雄殿东壁《天仙神众》

份背景绝不是普通的民间画工。繁峙公主寺大佛殿建于明弘治十六年
（1503）。殿内四壁，除了前檐明间为格扇窗外，其余皆绘满壁画，
总面积近100平方米，其中东西壁各有23平方米，北壁28平方米，南壁
近16平方米。据该殿东壁南上隅题记中有塑匠和画匠的名字："真定
府塑匠任林、李钦、孟祥、张峰、李珠、赵士孝、敬升、陈义。画匠
武钊、高升、高进、张鸾、冯秉相、赵喜。"工匠出自正定府，其画
法与北京法海寺明代壁画、河北毗卢寺明代壁画和北岳庙壁画相似，
这似可说明它们之间的互相影响和传承关系。

　　汾阳圣母庙壁画，相比一般民间画作，从整体构图到细节描绘都
极为细腻、富丽。没有画工题记，有人根据梁架上的那条"庆成王府

扶方梁功德主芦大富妻李氏谨志"题记，以为这或许是庆成王府请官方画师所为。鉴于明后期汾阳藩王庆成王府的势力，以及和中央政府的关系，这些壁画很有可能是出自宫廷画师级别的手笔。

面对无声的多彩壁画和远去的岁月，我们只能在有限的记载中默默猜想那些传承文化、创造历史的人和事。而他们的身影已消失在遥远的历史星空中。也许那些闪烁着的星辰正是他们眨动着的眼睛，仍深情地望着这个凡俗却也神圣的人间，望着他们创造出的多彩神奇的壁画世界。仰望星空，我们应向他们告慰——我们不会忘记。

二、海外遗珍

1840年后的大清王朝已岌岌可危，国将不国。八国联军侵占北京时抢劫的中国古董文物，不计其数，无法查清。此后，国门洞开，外国人在北京开洋行、办商会，来华的专家学者大量收购中国古董文物，其中美国学者福开森于1886年至1942年，在56年中不断搜集研究中国文物，同时进行收购。日本的国际古董珠宝巨商山中定次郎在北京开设山中商会，从1900年开设到1945年日本投降，不断大量收购中国的古董和珠宝钻翠等文物和工艺美术品。清末时法国驻华第三公使魏武达，自1900年至1939年，长期鉴赏收购中国青铜陶瓷等文物。法国的巴尔、英国的周尔、日本的四泽，还有许多外国古董珠宝商人来中国买货。他们巧取豪夺，从中国带走的奇珍异宝，同样是不计其数，无法查清。同时，中国人与外国人做古董生意、做洋庄生意的人

图6-3 稷山青龙寺部分壁画被切割后的残迹

越来越多，清末以来以上海的卢吴公司、北京的大瑞记最有名。至20世纪初，正值中国军阀混战时期，天下大乱。文物在这一时期也遭到一次次大劫难，中国的石窟佛雕和寺观壁画大量流入西方，山西古代壁画也在劫难逃。部分精品在20世纪初或被盗，或被毁，或流落海外，这永远是我们中华民族和山西文化史上的巨大精神伤痛。

　　除了我们在第二章所讲的，民国17年（1928）洪洞广胜寺下寺后大殿（大雄宝殿）东壁的元代《药师经变图》、西壁的《炽盛光经变图》和前殿东西两壁绘于明代的《药师说法图》与《炽盛光经变图》，被僧人伙同当地官绅出卖外，早在民国3年（1914），稷山青龙寺壁画已有部分精华之处被切割盗卖，失落何处不知，至今留下的千疮百孔之残迹令人痛心疾首。

图6-4　稷山青龙寺已被割裂又重新贴上墙壁的《释迦牟尼说法图》

另有稷山青龙寺大殿的壁画《释迦牟尼说法图》已被切割下，准备卖掉。幸而有当地多数村民的反对，其中名叫段天恩、李希贤、郑德荣的三位老者主持，鼓动李有生、段连保、李丙辛三位青年集结了村中几十名老人，徒步到县城状告古董商，终因知县郭象蒙支持并裁定，将古董商已割裂但未能运走的东壁《释迦牟尼说法图》截留下来，并将壁画重新贴上了墙壁，使珍贵的青龙寺壁画得以幸存。这一以马村村民的胜利而告终的护宝事件和广胜寺壁画被僧人和当地官绅

图6-5　稷山兴化寺中殿《过去七佛说法图》，现藏于故宫博物院

图6-6 稷山兴化寺北寺后殿山墙的元代《弥勒佛说法图》，现藏于加拿大多伦多皇家安大略博物馆

合谋出卖的事件形成鲜明对比，这在当时难能可贵，对今天也有着莫大爱国义举的教益和警示作用。

然而，这种有幸之不幸、不幸而有幸的命运还发生在与它邻近的稷山兴化寺元代壁画身上。

1926年初，国内外古董商相互勾结，将稷山兴化寺中殿壁画《过去七佛说法图》割裂分装在57个木箱中秘密发往北京，欲偷运出国。此事被当时北大研究所国学门的教授们得知，即由所长马衡出面，终以4000块大洋买下封存，直至1959年由中央美术学院陆鸿年、王定理教授与故宫博物院修复组的同人共同合作修复此壁画，使之成为留在故宫博物院唯一的一副为世人瞩目的元代巨型壁画。

但是，同是稷山兴化寺后殿山墙的《弥勒佛说法图》壁画，却被

图6-7 稷山兴化寺原貌

图6-8 稷山兴化寺元代《弥勒佛说法图》（局部）现藏于加拿大多伦多皇家安大略博物馆

古董商先藏匿于太原、天津，后运往美国，再转运加拿大多伦多皇家安大略博物馆，作为以购买者怀履光（时任加拿大派驻河南开封圣公会主持传教事务）命名的"怀履光主教厅"（bishop william c.white）的镇馆之宝和永久展品。

图6-9　现收藏于美国纽约大都会艺术博物馆的洪洞广胜寺下寺后大殿（大雄宝殿）东壁的元代《药师经变图》

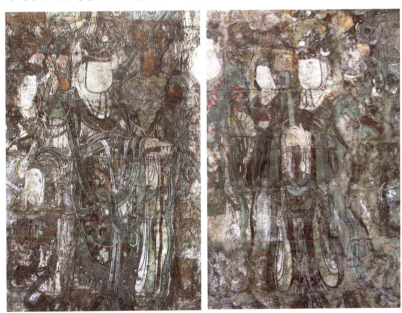

图6-10　收藏于美国纽约大都会艺术博物馆的洪洞广胜寺的元代《药师经变图》局部

图6-11　位于美国堪萨斯城的纳尔逊博物馆

　　图6-12　现藏于美国堪萨斯城的纳尔逊博物馆的洪洞广胜寺下寺后大殿（大雄宝殿）西壁的《炽盛光经变图》

图6-13 现藏于美国堪萨斯城的纳尔逊博物馆的洪洞广胜寺下寺后大殿（大雄宝殿）西壁的《炽盛光经变图》局部

图6-14 美国宾夕法尼亚大学博物馆

图6-15　现藏于美国宾夕法尼亚大学博物馆的洪洞广胜寺下寺前殿的《药师说法图》

图6-16　广胜寺前殿的《药师说法图》

图6-17　广胜寺前殿的明代《炽盛光经变图》

图6-18　现藏于美国宾夕法尼亚大学博物馆的洪洞广胜寺下寺前殿的
《炽盛光经变图》

图6-19　现藏于美国宾夕法尼亚大学博物馆的洪洞广胜寺下寺前殿的
《药师说法图》

更悲哀的是这座始建于公元592年的兴化寺，在抗日战争时期一说是毁于火灾，一说是毁于日军飞机轰炸，但无论何因，今已被夷为平地不复存在。

在美国大都会艺术博物馆的中国厅，有一巨幅彩绘佛教壁画占满了整个墙面，画面令人震撼。这幅壁画名为《药师经变图》，长15.2米，高7.52米，画中端坐着药师佛，十二神将陪伴左右，形象地表现了药师如来及其随从所在的东方佛教净土的盛况。它便是民国17年（1928）被僧人伙同当地官绅出卖的洪洞广胜寺下寺后大殿（大雄宝殿）东壁的元代《药师经变图》，是元代壁画中的精品，距今已有700多年的历史。

洪洞广胜寺被出卖的壁画一共有四幅，包括前殿和后殿东西两壁的壁画，洪洞广胜寺下寺后大殿（大雄宝殿）东壁的元代《药师经变图》，70多平方米，藏于美国的大都会艺术博物馆。而同时被卖掉的广胜寺的其他三幅壁画，在漂流到美国后被中国古董商卢芹斋购得。经他分别倒手，将原属下寺后大殿（大雄宝殿）西壁的壁画《炽盛光经变图》卖给了位于美国堪萨斯城的纳尔逊博物馆。除外又将广胜寺下寺前殿东西两壁绘于明代，每幅壁画原长约9.14米、高5.48米的《药师说法图》与《炽盛光经变图》，卖给了美国宾夕法尼亚大学博物馆。

俗话说，外敌可御，家贼难防。那位当年著名的大古董商人卢芹斋，为了牟取私利而不正当贩卖文物大发国难之财。正是在他的一手策划下，这些壁画几经周转后，漂洋过海到了美国，又经中外文物贩子几经倒手差价转卖，于是，这四铺原属于洪洞广胜寺下寺前后殿以1600大洋出卖的壁画，不仅远离了故土，且彼此分离，各散他处。事实上他贩卖的中国文物远不止这几铺古代壁画精品。这种借国难发财的罪恶行径将永世受世人唾弃。它警示今日的国人应热爱和保护祖国珍贵的文化遗产，召唤我们在继承优秀的文化传统中开创中华民族更为辉煌的未来。

2001年夏天，曾是美国密歇根州立大学艺术系教授、普林斯顿大学博士、哥伦比亚大学博士后的景安宁先生，专程赴晋为加拿大皇家安大略博物馆收藏的两铺山西古代壁画《朝元图》进行原址出处、绘

图6-20　现收藏于加拿大皇家安大略博物馆的襄汾县齐村万圣观《朝元图》局部

制年代、流失过程的考证。根据画面刻写字痕，并按明成化《山西通志》"万圣观，在襄陵县西五里处，至顺三年建"所载，初步估计，此一《朝元图》出自襄汾县襄陵镇西2.5公里齐村的万圣观，可惜万圣观已荡然无存。该壁画内容与表现形式与芮城永乐宫三清殿《朝元图》有一定的传承关系，约属朱好古规划班子所绘。

万圣观《朝元图》原分东西两壁绘制，东壁高3.17米，长10.26米，以道教众神朝觐元始天尊为内容。画面以中天紫薇北极大帝、大上昊天玉皇大帝、后土神祇为中心。前导者为天蓬元帅、翊圣黑煞将军、北斗七星、五星、五行随从，向北行进。就场面规模而言，似乎是永乐宫三清殿《朝元图》的精简浓缩版。该壁画也是20世纪20年代被盗割成条状装箱，海路经日本运往美国，最终落归于加拿大皇家安大略博物馆。

岁月沧桑，往昔不堪回首，但历史绝不可忘却。山西古代壁画是一部厚重多彩的独特的无声的历史知识视觉文本，其中还有许多讲不完的动人故事。在此仅就现有有限的资料可知，山西古代壁画被盗卖的都是精华中的精华、经典中的经典、精品中的精品。所有这些遗失的精品，在今天许多已少有人知，更难睹真颜。但我们绝不该忘记它们！一个民族的珍贵文化遗产的存亡命运，反映和记录着一个民族的盛衰兴亡。我们除要珍惜现有的壁画精品和其他历史文化财富外，还希望今后有条件的话迎接它们回归故国。对此让我们大声地呼唤——祖国的瑰宝，魂归来兮！

三、彩梦长天

图6-21　太原北齐壁画博物馆主体效果图

碧水映着白云，白云簇拥烘托着一座壮丽宏伟的建筑，那是立于汾水之滨的一座艺术圣殿。沿着廊桥穿越时光隧道，脚下是一条五彩斑斓的路，通向雪白的梨花、粉红的桃花、灿黄的迎春花层层环绕着的神秘宫殿。细看时，这路竟是用朱砂、朱磦、石青、石绿和金丝银线铺就并伸展开来的巨幅长卷壁画。

一切都似曾相识，但一切又新奇陌生，却又不知身在何处？包括似曾认识的但好像她们原本并不叫魏月、唐荣、宋华、元英和清云等年轻的讲解员们，哦！还有两位相识却已记不起名字的白须长髯老者——画工先生。在似云如雾绚丽如霞的壁画长廊中，我在观赏、聆听、品读中漂浮、游走、飞升……这不是做梦吧？他们笑着说："你呀，来晚了，这就是你所梦想的'中国千年壁画宫'。"……沿着长阶扶梯一层层拾级登高，好像是为了看清最顶上画面的纪年题记，借老者作画的梯子攀登而上，不想一脚踩空，猛然惊醒！原来竟是南柯一梦……

梦醒！遂生万千感叹！可谓日有所思，夜有所梦。但这梦应是一种美好的期盼，期待着有那么一天，有那么一处，有那么一座，真真切切、完完整整、实实在在的山西中国古代殿堂、墓室壁画博物馆的建成。它将集中所有的山西2000年来历朝历代壁画的复原性壁画临品，并还原它原生态的环境情境，成为山西、中国、世界唯有的一颗璀璨明珠。在这里让人们为山西悠久、深厚、丰富、多彩的山西古代壁画发出由衷的赞叹，并去感受、去领略、去研读、去理解、去探寻、去欣赏和巡礼山西古代壁画彩壁千秋的美的历程。

有梦便有希望。其实这已不是梦，梦已启程正行进在通往现实的途中。历经三年，由太原市地方财政支持并争取上级及国家资金投入1.2亿元的太原北齐壁画博物馆已经基本建成，并和布展陈列工作同步进行，预计在2022年10月基本完成。目前已在试行开馆。

太原北齐壁画博物馆将整合太原北朝时代的墓葬壁画精品专题陈列，集参观、学习、研究多种功能为一体，作为山西一座标志性的专题展示山西古代壁画历史的艺术博物馆，它将成为晋阳大地上一道亮丽的景观、一座凝结着千载岁月的彩壁丰碑、一抹新世纪的绚丽彩虹。

注释：
[1]上海博物馆：《壁上观：细读山西古代壁画》，北京大学出版社，2017年版，第334页。

图书在版编目（CIP）数据

彩壁千秋：山西古代壁画掠影 / 董智敏著.—太原：山西人民
出版社，2023.4（2023.7重印）
（"走读山西"系列丛书 / 王爱琴，杜学文主编）
ISBN 978-7-203-12475-7

Ⅰ.①彩⋯　Ⅱ.①董⋯　Ⅲ.①壁画—研究—山西—古代
Ⅳ.①K879.414
中国版本图书馆CIP数据核字（2022）第238941号

彩壁千秋：山西古代壁画掠影

著　　　者：董智敏
责任编辑：张小芳　李建业
复　　审：刘小玲
终　　审：武　静
特约编辑：王　姝　吕轶芳　常艳芳
装帧设计：张镤尹

出 版 者：山西出版传媒集团·山西人民出版社
地　　址：太原市建设南路21号
邮　　编：030012
发行营销：0351-4922220　4955996　4956039　4922127（传真）
天猫官网：https://sxrmcbs.tmall.com　电话：0351-4922159
E-mail：sxskcb@163.com　发行部
　　　　　sxskcb@126.com　总编室
网　　址：www.sxskcb.com

经 销 者：山西出版传媒集团·山西人民出版社
承 印 厂：山西基因包装印刷科技股份有限公司

开　　本：890mm×1240mm　1/32
印　　张：7.5
字　　数：160千字
版　　次：2023年4月　第1版
印　　次：2023年7月　第2次印刷
书　　号：ISBN 978-7-203-12475-7
定　　价：58.00元

如有印装质量问题请与本社联系调换